Thorsten Blaufelder

Betriebliches Eingliederungsmanagement

Fragen und Antworten

Mit Online-Quiz unter
www.bund-verlag.de/faq-quiz

Thorsten Blaufelder

Betriebliches Eingliederungsmanagement

Gesetzliche Grundlagen
Praxistipps
Mitbestimmung für Betriebs- und Personalräte

BUND
VERLAG

Im Interesse einer besseren Lesbarkeit wird davon abgesehen, bei Fehlen einer geschlechtsneutralen Formulierung sowohl die männliche als auch weitere Formen aufzuführen. Die gewählten Formulierungen gelten deshalb uneingeschränkt für die weiteren Geschlechter.

Bibliografische Informationen der Deutschen Nationalbibliothek
Die Deutsche Nationalbibliothek verzeichnet diese Publikation in der Deutschen Nationalbibliografie; detaillierte bibliografische Daten sind im Internet über *http://dnb.d-nb.de* abrufbar.

Umschlag: fsvk designbüro für visuelle kommunikation, Großostheim
Satz: Dörlemann Satz, Lemförde
Druck: Druckerei C.H. Beck, Bergerstr. 3, 86720 Nördlingen

ISBN 978-3-7663-7634-3

kontakt@bund-verlag.de
www.bund-verlag.de

Inhaltsverzeichnis

Abkürzungsverzeichnis

Abs.	Absatz
ADHS	Aufmerksamkeitsdefizit-/Hyperaktivitätsstörung
ArbSchG	Arbeitsschutzgesetz
ArbStättV	Arbeitsstättenverordnung
Art.	Artikel
ASiG	Arbeitssicherheitsgesetz
BDSG	Bundesdatenschutzgesetz
BEM	Betriebliches Eingliederungsmanagement
BetrVG	Betriebsverfassungsgesetz
BGB	Bürgerliches Gesetzbuch
BGF	Betriebliche Gesundheitsförderung
BGM	Betriebliches Gesundheitsmanagement
bzw.	beziehungsweise
COVID	Coronavirus
DSGVO	Datenschutzgrundverordnung
ggf.	gegebenenfalls
HR	Human Resources
IT	Informationstechnik
KI	Künstliche Intelligenz
Nr.	Nummer
SGB	Sozialgesetzbuch
z. B.	zum Beispiel

Einleitung

Krankheit gehört zum Leben – und damit auch zum Arbeitsleben. Wenn Beschäftigte länger oder wiederholt ausfallen, stehen alle Beteiligten vor einer vielschichtigen Herausforderung: Der Arbeitgeber verliert Planungssicherheit und Produktivität, das Team muss Ausfälle kompensieren, und die betroffene Person ringt nicht nur mit gesundheitlichen Einschränkungen, sondern häufig auch mit der Sorge um den eigenen Arbeitsplatz. In diesem Spannungsfeld hat der Gesetzgeber mit dem Betrieblichen Eingliederungsmanagement (BEM) ein Verfahren geschaffen, das auf Kooperation statt Konfrontation setzt: einen verlaufs- und ergebnisoffenen Suchprozess, in dem gemeinsam nach Wegen gesucht wird, die Arbeitsfähigkeit wiederherzustellen, erneuten Ausfällen vorzubeugen und das Arbeitsverhältnis zu erhalten.

In der betrieblichen Praxis wird dieses Potenzial allerdings noch längst nicht ausgeschöpft. Zu oft wird das BEM als lästige Pflichtübung missverstanden, als bloße Formalie vor einer ohnehin geplanten Kündigung oder als bürokratischer Aufwand ohne greifbaren Nutzen. Dabei zeigt sich gerade dort, wo das Verfahren ernst genommen und professionell gestaltet wird, dass es wirksame und nachhaltige Ergebnisse hervorbringt – für die betroffenen Beschäftigten ebenso wie für den Betrieb insgesamt.

Dieses Buch versteht das BEM bewusst nicht allein als arbeitsrechtliches Thema. Es betrachtet den Eingliederungsprozess aus einer interdisziplinären Perspektive, die der Vielschichtigkeit der Praxis Rechnung trägt. Der Autor vereint in seiner täglichen Arbeit die Tätigkeit als Fachanwalt für Arbeitsrecht mit der eines Wirtschaftsmediators und zertifizierten Arbeitsfähigkeitscoachs© – eine Verbindung, die das Verständnis dafür schärft, dass ein gelingendes BEM mehr erfordert als die Kenntnis der Rechtslage. Es braucht Gesprächskompetenz, einen klaren Blick für die individuellen

Ressourcen der betroffenen Person und nicht selten die Fähigkeit, festgefahrene Konflikte zwischen den Beteiligten aufzulösen, bevor an eine Wiedereingliederung überhaupt zu denken ist.
Diese Orientierungshilfe richtet sich an alle, die in ihrer Arbeit mit dem BEM befasst sind: an Betriebs- und Personalräte, die als Wächter des Verfahrens die Rechte der Beschäftigten sichern, an Schwerbehindertenvertretungen, die eine besondere Verantwortung für die Teilhabe behinderter Menschen tragen, an Personalverantwortliche, die das BEM im betrieblichen Alltag organisieren und umsetzen müssen, sowie an alle Beschäftigten, die ihre eigenen Rechte im Eingliederungsprozess kennen und verstehen wollen.
Die 150 Fragen und Antworten behandeln das BEM in seiner gesamten Breite: von den rechtlichen Grundlagen und der Rolle der Beteiligten über Datenschutz, Verfahrensablauf und die Besonderheiten bei psychischen Erkrankungen, Sucht oder Long COVID bis hin zu den Schnittstellen zwischen BEM und Kündigungsschutz. Darüber hinaus greift das Buch zwei Themenfelder auf, die in der bisherigen BEM-Literatur kaum Beachtung finden: das Arbeitsfähigkeitscoaching© als ressourcenorientierter Ansatz zur Stärkung der individuellen Arbeitsfähigkeit und die innerbetriebliche Wirtschaftsmediation als Instrument zur Klärung von Konflikten, die einer erfolgreichen Wiedereingliederung im Wege stehen. Ein abschließender Abschnitt widmet sich dem Einsatz Künstlicher Intelligenz im BEM – einem Feld, das neue Chancen eröffnet, zugleich aber datenschutz- und mitbestimmungsrechtliche Fragen aufwirft, die einer sorgfältigen Einordnung bedürfen.
Das Buch beantwortet diese und viele weitere Fragen klar und verständlich. Es dient als kompaktes Nachschlagewerk, um sich schnell das notwendige Wissen anzueignen und das BEM als das zu nutzen, was es seinem Wesen nach ist: eine gemeinsame Chance für alle Beteiligten.

A. Grundlagen des Betrieblichen Eingliederungsmanagements

1. Was versteht man unter dem Betrieblichen Eingliederungsmanagement (BEM)?

Das Betriebliche Eingliederungsmanagement (BEM) ist ein gesetzlich vorgeschriebenes Verfahren, mit dem Arbeitgeber bei länger oder wiederholt erkrankten Beschäftigten gemeinsam klären, wie die Arbeitsunfähigkeit überwunden, erneuten Ausfällen vorgebeugt und das Arbeitsverhältnis erhalten werden kann. Ziel ist nicht die Kontrolle von Krankheitsursachen, sondern ein verlaufs- und ergebnisoffener Suchprozess nach tragfähigen betrieblichen Lösungen.

Das BEM findet nur mit Zustimmung der betroffenen Person statt; die Teilnahme ist freiwillig und kann jederzeit beendet werden. Gesundheitsdaten dürfen ausschließlich zweckgebunden und vertraulich verarbeitet werden. An den Gesprächen wirken der Betriebs- oder Personalrat mit, bei schwerbehinderten oder gleichgestellten Beschäftigten zusätzlich die Schwerbehindertenvertretung. Weitere interne oder externe Stellen werden nur nach Bedarf und mit Einwilligung der betroffenen Person hinzugezogen.

Die Interessenvertretung wacht als neutrale Instanz darüber, dass das Verfahren transparent, freiwillig und datenschutzkonform abläuft. Das BEM ist dabei nicht mit der stufenweisen Wiedereingliederung nach dem sogenannten Hamburger Modell zu verwechseln, die lediglich eine von vielen möglichen Maßnahmen innerhalb eines BEM-Prozesses darstellt.

2. Wo ist das BEM gesetzlich geregelt?

Die gesetzliche Grundlage des BEM findet sich in § 167 Abs. 2 SGB IX. Die Vorschrift verpflichtet den Arbeitgeber, Beschäftigten ein BEM anzubieten, wenn sie innerhalb von zwölf Monaten länger als sechs Wochen ununterbrochen oder wiederholt arbeitsunfähig waren. Diese Pflicht besteht unabhängig von der Betriebsgröße, der Ursache der Erkrankung und dem Umfang der Arbeitszeit.
Das Gesetz beschreibt Ziel und Rahmen des Verfahrens, lässt den konkreten Ablauf jedoch bewusst offen. Wie Gespräche vorbereitet, wer beteiligt und wie Ergebnisse dokumentiert werden, muss im Betrieb bzw. in der Dienststelle geregelt werden – idealerweise in einer Betriebs- oder Dienstvereinbarung.
Ergänzend sind weitere Rechtsquellen zu beachten: Da im BEM regelmäßig Gesundheitsdaten verarbeitet werden, greifen die Vorgaben der Datenschutzgrundverordnung (DSGVO) und des Bundesdatenschutzgesetzes (BDSG). Die Beteiligungsrechte der Interessenvertretung ergeben sich aus dem Betriebsverfassungsgesetz oder dem jeweils anwendbaren Personalvertretungsrecht.

3. Ab wann muss der Arbeitgeber einem Beschäftigten ein BEM anbieten?

Der Arbeitgeber muss ein BEM anbieten, sobald ein Beschäftigter innerhalb der letzten zwölf Monate länger als sechs Wochen ununterbrochen oder wiederholt arbeitsunfähig war (§ 167 Abs. 2 SGB IX). Die sechs Wochen entsprechen 42 Kalendertagen; bei der Berechnung zählen auch Wochenenden und Feiertage mit. Maßgeblich ist ein rollierender Zwölfmonatszeitraum, nicht das Kalenderjahr. Die Ursache der Erkrankung spielt keine Rolle, und das Angebot gilt für alle Beschäftigten – unabhängig von einer Schwerbehinderung, dem Umfang der Arbeitszeit oder der Dauer des Arbeitsverhältnisses.
Das BEM-Angebot soll zeitnah nach Überschreiten der Sechs-Wochen-Schwelle erfolgen und kann auch während einer laufenden Arbeitsunfähigkeit ausgesprochen werden. Voraussetzung dafür ist, dass Fehlzeiten im Betrieb regelmäßig ausgewertet werden. Hier ist die Interessenvertretung

gefragt: Sie achtet darauf, dass diese Auswertung systematisch, ohne Diagnosebezug und diskriminierungsfrei erfolgt und dass berechtigte Beschäftigte zuverlässig ein BEM-Angebot erhalten. Bei schwerbehinderten oder gleichgestellten Beschäftigten ist zusätzlich die Schwerbehindertenvertretung einzubeziehen.

4. Gilt das BEM wirklich für alle Betriebe und Arbeitnehmer?

Die BEM-Pflicht gilt grundsätzlich für alle Arbeitgeber – unabhängig von Branche, Betriebsgröße und Organisationsform. Sie greift in Kleinbetrieben ebenso wie im öffentlichen Dienst oder in kirchlichen Einrichtungen. Einzige Voraussetzung ist, dass Beschäftigte innerhalb von zwölf Monaten die Sechs-Wochen-Schwelle überschritten haben. Weder eine Schwerbehinderung noch ein besonderer Kündigungsschutz sind erforderlich.
Erfasst werden alle Beschäftigten in einem Arbeits- oder Dienstverhältnis: Vollzeit- und Teilzeitkräfte, befristet und geringfügig Beschäftigte, Werkstudenten sowie Auszubildende. Nicht erfasst sind Selbstständige ohne Arbeitsvertrag. Bei Leiharbeit liegt die BEM-Pflicht beim Verleiher als Vertragsarbeitgeber; in der Praxis ist jedoch häufig eine abgestimmte Mitwirkung des Entleiherbetriebs erforderlich, etwa bei der Arbeitsplatzgestaltung.
Betriebs- oder Personalrat sollten darauf achten, dass die Startkriterien einheitlich angewandt werden und alle Beschäftigtengruppen Zugang zum BEM erhalten.

5. Ist die Teilnahme am BEM freiwillig?

Der Arbeitgeber ist verpflichtet, ein BEM anzubieten; die betroffene Person entscheidet jedoch frei, ob sie teilnimmt. Ohne ihre Zustimmung darf kein BEM durchgeführt werden. Freiwilligkeit bedeutet darüber hinaus, dass die betroffene Person das Verfahren jederzeit beenden, einzelne Verfahrensschritte ablehnen und den Kreis der Beteiligten mitbestimmen kann.

Voraussetzung für eine wirksame Zustimmung ist eine umfassende Aufklärung. Der Arbeitgeber muss vorab verständlich erläutern, welches Ziel das BEM verfolgt, wer daran beteiligt werden soll, welche Daten – insbesondere Gesundheitsdaten – erhoben und verarbeitet werden und wie Vertraulichkeit und Aufbewahrung geregelt sind. Fehlt diese Aufklärung, genügt die Einwilligung nicht den Anforderungen des Datenschutzrechts und kann das gesamte Verfahren angreifbar machen.

Ein abgelehntes oder abgebrochenes BEM ist kein Kündigungsgrund. In einem späteren Kündigungsschutzverfahren kann das Fehlen eines durchgeführten BEM allerdings die Darlegungslast des Arbeitgebers erhöhen, weil er dann nachweisen muss, dass auch ein BEM keine milderen Mittel ergeben hätte.

Die Interessenvertretung sollten sicherstellen, dass das Angebot ohne Druck erfolgt und zugleich inhaltlich so gestaltet ist, dass Beschäftigte eine fundierte Entscheidung treffen können.

6. Welche Ziele verfolgt das BEM?

Das BEM verfolgt drei gesetzlich verankerte Ziele: die bestehende Arbeitsunfähigkeit überwinden, erneuten Ausfällen durch Beseitigung belastender Faktoren vorbeugen und das Arbeitsverhältnis durch geeignete Maßnahmen dauerhaft sichern. Diese Ziele bedingen einander; eine nachhaltige Wiedereingliederung gelingt nur, wenn zugleich präventiv angesetzt wird.

Inhaltlich ist das BEM ein verlaufs- und ergebnisoffener Suchprozess: Gemeinsam wird geklärt, welche Anforderungen die Tätigkeit stellt, welche Hürden im konkreten Arbeitsumfeld bestehen und welche Anpassungen realistisch sind. Mögliche Maßnahmen reichen von Veränderungen der Arbeitsorganisation über technische oder ergonomische Anpassungen und Qualifizierung bis hin zur Umsetzung auf einen anderen Arbeitsplatz oder einer stufenweisen Wiedereingliederung. Welche Schritte sinnvoll sind, richtet sich nach dem individuellen Bedarf und setzt stets die Zustimmung der betroffenen Person voraus.

Die Interessenvertretung wacht darüber, dass der Suchprozess ernsthaft geführt wird und vorrangig tragfähige Lösungen zur Prävention und zum

Erhalt des Arbeitsverhältnisses geprüft werden, bevor personelle Maßnahmen in Betracht kommen.

7. Welche Vorteile hat das BEM für die Beschäftigten?

Das BEM bietet Beschäftigten einen geschützten Rahmen, um nach längerer oder häufiger Krankheit die eigene Arbeitssituation aktiv mitzugestalten. In den Gesprächen können Belastungen im Arbeitsumfeld offen angesprochen und gemeinsam mit dem Arbeitgeber passende Anpassungen vereinbart werden – etwa bei Arbeitszeit, Aufgabenzuschnitt, Arbeitsorganisation oder technischer Ausstattung. Ziel ist eine tragfähige Rückkehr, die erneuten Ausfällen vorbeugt.

Ein wesentlicher Vorteil liegt im geregelten Verfahren selbst: Die Teilnahme ist freiwillig, die Gespräche sind vertraulich, und Gesundheitsdaten dürfen nur zweckgebunden und mit informierter Einwilligung verarbeitet werden. Beschäftigte können den Kreis der Beteiligten mitbestimmen und sich durch den Betriebs- oder Personalrat begleiten lassen. Bei schwerbehinderten oder gleichgestellten Beschäftigten steht zusätzlich die Schwerbehindertenvertretung als Unterstützung bereit.

Ein ordnungsgemäß durchgeführtes BEM dokumentiert zudem, welche Alternativen geprüft und welche Maßnahmen vereinbart wurden. Das stärkt die Position der betroffenen Person, weil sinnvolle betriebliche Veränderungen Vorrang vor einschneidenden personellen Maßnahmen erhalten.

8. Welchen Nutzen zieht der Arbeitgeber aus dem BEM?

Für den Arbeitgeber ist das BEM ein Instrument, um Fehlzeiten und deren Folgekosten zu senken und zugleich erfahrene Beschäftigte im Betrieb zu halten. Werden Belastungsfaktoren frühzeitig erkannt und Arbeitsbedingungen angepasst, steigen die Chancen auf eine stabile Rückkehr und weniger erneute Ausfälle. Das wirkt sich unmittelbar auf Planungssicherheit, Teamstabilität und Produktivität aus – gerade in Zeiten des Fachkräftemangels ein nicht zu unterschätzender Vorteil.

Darüber hinaus verringert ein ordnungsgemäß durchgeführtes BEM rechtliche Risiken. Im Kündigungsschutzprozess kann der Arbeitgeber nachweisen, dass er Alternativen geprüft und mildere Mittel vor einer krankheitsbedingten Kündigung ernsthaft in Betracht gezogen hat. Das BEM ist zwar keine formelle Wirksamkeitsvoraussetzung für eine Kündigung, sein Fehlen erhöht jedoch die Darlegungs- und Beweislast des Arbeitgebers erheblich.
Nicht zuletzt wirkt ein ernst gemeintes BEM in den Betrieb hinein: Es zeigt, dass Gesundheit und Arbeitsfähigkeit als gemeinsame Aufgabe verstanden werden. Voraussetzung ist, dass das Verfahren klar vom Krankenrückkehrgespräch abgegrenzt wird und als lösungsorientierter Suchprozess mit verlässlichem Datenschutz und Beteiligung der Interessenvertretung durchgeführt wird.

9. Wodurch unterscheidet sich ein BEM von einem Krankenrückkehrgespräch?

Das BEM ist ein gesetzlich geregelter, ergebnisoffener Suchprozess nach § 167 Abs. 2 SGB IX. Es setzt die Sechs-Wochen-Schwelle voraus, erfordert die informierte Zustimmung der betroffenen Person und bindet die Interessenvertretung ein. Ein Krankenrückkehrgespräch ist dagegen ein formloses betriebliches Gespräch nach einer Abwesenheit, das der Abstimmung von Rückkehr und Arbeitsorganisation dient. Es ist weder an eine bestimmte Fehlzeitendauer gebunden noch folgt es einem gesetzlich geregelten Verfahrensablauf.
Die Unterschiede wirken sich in der Praxis deutlich aus:

- **Freiwilligkeit:** Das BEM beruht auf informierter Zustimmung und kann jederzeit beendet werden. Ein Rückkehrgespräch darf der Arbeitgeber als arbeitsbezogene Abstimmung erwarten.
- **Datenschutz:** Im BEM werden regelmäßig Gesundheitsdaten verarbeitet; es gelten strenge Regeln zu Zweckbindung, Vertraulichkeit und Dokumentation. Im Rückkehrgespräch dürfen Diagnosen und Behandlungsdetails nicht erfragt werden.
- **Beteiligung:** Im BEM wirken Betriebs- oder Personalrat und gegebenenfalls die Schwerbehindertenvertretung mit. Ein Rückkehrgespräch findet typischerweise nur zwischen Führungskraft und Beschäftigtem statt.

Werden beide Formate vermischt, gefährdet dies die Freiwilligkeit des BEM und das Vertrauen der Beschäftigten in das Verfahren. Ein Krankenrückkehrgespräch kann ein BEM daher nicht ersetzen.

10. Worin unterscheidet sich das BEM vom Präventionsverfahren nach § 167 Abs. 1 SGB IX?

Das BEM nach § 167 Abs. 2 SGB IX und das Präventionsverfahren nach § 167 Abs. 1 SGB IX verfolgen beide das Ziel, Beschäftigung zu sichern, unterscheiden sich aber in Anlass, Personenkreis und Ansatzpunkt.
Das BEM wird ausgelöst, sobald Beschäftigte innerhalb von zwölf Monaten länger als sechs Wochen arbeitsunfähig waren. Es steht allen Beschäftigten offen und knüpft an konkrete Fehlzeiten an. Im Mittelpunkt steht die gemeinsame Klärung, welche Anpassungen im Betrieb geeignet sind, um die Arbeitsunfähigkeit zu überwinden, Rückfällen vorzubeugen und das Arbeitsverhältnis zu erhalten.
Das Präventionsverfahren setzt demgegenüber früher an. Es richtet sich ausschließlich an schwerbehinderte und gleichgestellte Beschäftigte und greift bereits dann, wenn Schwierigkeiten im Arbeitsverhältnis erkennbar werden, die die Beschäftigung gefährden könnten – unabhängig davon, ob Fehlzeiten vorliegen. Kern ist das frühzeitige Zusammenwirken von Arbeitgeber, Schwerbehindertenvertretung, Interessenvertretung und Integrationsamt; bei Bedarf werden die Rehabilitationsträger hinzugezogen, um Hilfen zur Sicherung des Arbeitsplatzes zu klären.
Beide Verfahren stehen eigenständig nebeneinander. Das Präventionsverfahren ersetzt kein BEM, kann aber in ein solches übergehen, wenn die Sechs-Wochen-Schwelle erreicht wird.

11. Ist das BEM Teil des Betrieblichen Gesundheitsmanagements (BGM)?

Im gängigen Verständnis des Betrieblichen Gesundheitsmanagements (BGM) bildet das BEM eine von drei Säulen – neben dem betrieblichen Arbeitsschutz und der Betrieblichen Gesundheitsförderung (BGF). Das BGM ist der übergeordnete Rahmen, der Maßnahmen zu Gesundheit und

Arbeitsfähigkeit bündelt und steuert. Das BEM ist darin die einzelfallbezogene Säule: Es greift bei längerer oder wiederholter Arbeitsunfähigkeit und sucht nach individuellen betrieblichen Lösungen, um Rückfällen vorzubeugen und das Arbeitsverhältnis zu sichern.
Die drei Säulen unterscheiden sich vor allem in Verbindlichkeit und Zuschnitt:

- **Arbeitsschutz:** gesetzliche Pflicht für Arbeitgeber und Beschäftigte, verhältnis- und verhaltenspräventiv ausgerichtet.
- **BEM:** Der Arbeitgeber muss es anbieten, die Teilnahme der betroffenen Person ist freiwillig; der Fokus liegt auf dem konkreten Einzelfall.
- **BGF:** in der Regel freiwillige, gruppenbezogene Angebote zur Förderung gesundheitsgerechter Strukturen und Verhaltensweisen.

Trotz der Einbettung ins BGM bleibt das BEM ein rechtlich eigenständiges Verfahren. Freiwilligkeit, Vertraulichkeit und Zweckbindung gelten uneingeschränkt. Betriebs- oder Personalrat achten darauf, dass Erkenntnisse aus einzelnen BEM-Fällen nur in anonymisierter, nicht rückverfolgbarer Form in den Arbeitsschutz oder die Gesundheitsförderung einfließen. Die strikte Trennung von Einzelfalldaten und übergreifender Prävention ist eine wesentliche Voraussetzung dafür, dass Beschäftigte dem Verfahren vertrauen.

12. Wer trägt im Betrieb die Verantwortung für das BEM?

Verantwortlich für das BEM ist der Arbeitgeber, im öffentlichen Dienst die Dienststellenleitung. Er muss das Verfahren anbieten, organisatorisch ermöglichen und dafür sorgen, dass Zuständigkeiten, Datenschutz und Vertraulichkeit verbindlich geregelt sind. Die operative Durchführung kann an eine Personalabteilung, einen BEM-Koordinator oder ein BEM-Team delegiert werden; die rechtliche Verantwortung verbleibt jedoch beim Arbeitgeber.
Betriebs- oder Personalrat und – bei schwerbehinderten oder gleichgestellten Beschäftigten – die Schwerbehindertenvertretung tragen keine Arbeitgeberpflicht, sind aber wesentliche Beteiligte im Verfahren. Sie werden einbezogen, wenn die betroffene Person dies wünscht. Weitere Stellen wie Betriebsarzt, Fachkraft für Arbeitssicherheit, Rehabilitationsträger oder

Integrationsamt kommen nur hinzu, wenn es sachlich geboten ist und die betroffene Person zustimmt.
Die Interessenvertretung wirkt darauf hin, dass der Arbeitgeber verbindliche Standards für das gesamte Verfahren schafft – von der Einladung und Information über die Dokumentation bis hin zur Aufbewahrung und zum Zugriff auf BEM-Unterlagen. Nur so lässt sich sicherstellen, dass das BEM verlässlich, fair und datenschutzkonform durchgeführt wird.

13. Gilt das BEM auch in Kleinbetrieben ohne Betriebsrat?

Die BEM-Pflicht besteht unabhängig von der Betriebsgröße und gilt daher auch in Kleinbetrieben ohne Betriebsrat. Sobald die Sechs-Wochen-Schwelle innerhalb von zwölf Monaten erreicht ist, muss der Arbeitgeber ein BEM anbieten. An den Grundregeln ändert sich durch das Fehlen einer Interessenvertretung nichts: Das Verfahren setzt eine transparente Aufklärung, die freiwillige Zustimmung der betroffenen Person sowie eine strikte Vertraulichkeit und Zweckbindung bei der Verarbeitung von Gesundheitsdaten voraus.
In der Praxis fehlt allerdings die Kontrollfunktion, die ein Betriebs- oder Personalrat üblicherweise übernimmt. Die betroffene Person kann jedoch eine Vertrauensperson eigener Wahl hinzuziehen und so für Beistand im Verfahren sorgen. Ist eine Schwerbehindertenvertretung vorhanden, kann diese bei schwerbehinderten oder gleichgestellten Beschäftigten auf Wunsch beteiligt werden. Weitere interne oder externe Stellen kommen nur nach Bedarf und mit Einwilligung hinzu.
Auch ohne Interessenvertretung bleibt der Arbeitgeber verpflichtet, ernsthaft nach Möglichkeiten zu suchen, wie die Arbeitsfähigkeit erhalten und das Arbeitsverhältnis gesichert werden kann. Das BEM begründet einen Anspruch auf ein ordnungsgemäßes Klärungsverfahren – nicht auf eine bestimmte Maßnahme, aber auf einen fairen und ergebnisoffenen Suchprozess.

14. Können Beschäftigte einen Anspruch auf Durchführung eines BEM geltend machen?

Einen einklagbaren Individualanspruch auf Durchführung eines BEM haben Beschäftigte nach der bisherigen Rechtsprechung nicht. § 167 Abs. 2 SGB IX verpflichtet den Arbeitgeber, bei Erreichen der Sechs-Wochen-Schwelle ein BEM anzubieten und den Prozess ordnungsgemäß zu organisieren. Ob das Verfahren dann tatsächlich stattfindet, hängt von der freiwilligen Zustimmung der betroffenen Person ab. Ohne diese Zustimmung darf kein BEM durchgeführt werden.

Die Interessenvertretung hat jedoch ein eigenständiges Initiativrecht. § 167 Abs. 2 Satz 7 SGB IX sieht ausdrücklich vor, dass Betriebs- oder Personalrat und bei schwerbehinderten oder gleichgestellten Beschäftigten zusätzlich die Schwerbehindertenvertretung die Klärung verlangen können. Das ersetzt nicht die Zustimmung der betroffenen Person, verpflichtet den Arbeitgeber aber, das BEM ordnungsgemäß anzubieten und strukturiert vorzubereiten. In der Praxis ist dieses Initiativrecht ein wirksames Mittel, um sicherzustellen, dass berechtigte Beschäftigte nicht übergangen werden.

Eine unmittelbare Sanktion wie ein Bußgeld oder die automatische Unwirksamkeit einer Kündigung ist mit dem Unterlassen eines BEM nicht verbunden. Die praktische Wirkung entfaltet sich indirekt: Im Kündigungsschutzprozess trägt der Arbeitgeber ohne ordnungsgemäßes BEM eine erhöhte Darlegungs- und Beweislast dafür, dass mildere Mittel als eine Kündigung nicht in Betracht kamen.

15. Kann ein Mitarbeiter mehrmals am BEM teilnehmen?

Beschäftigte können mehrfach an einem BEM teilnehmen. Das BEM ist ein jeweils anlassbezogener Klärungsprozess: Wird die Schwelle von mehr als sechs Wochen Arbeitsunfähigkeit innerhalb von zwölf Monaten erneut erreicht, muss der Arbeitgeber wieder ein BEM anbieten, unabhängig davon, ob früher bereits ein Verfahren stattgefunden hat. Ein neues BEM liegt außerdem nahe, wenn ein früheres Verfahren abgebrochen wurde oder sich Gesundheitslage, Tätigkeit oder Arbeitsumfeld wesentlich verändert haben.

Entscheidend ist, dass jedes BEM einen eigenständigen Klärungsbedarf voraussetzt und realistische Ansatzpunkte geprüft werden können. Die Teilnahme bleibt jedes Mal freiwillig und kann jederzeit beendet werden. Unterlagen aus früheren Verfahren dürfen nicht automatisch in ein neues BEM übernommen werden; ihre Verwendung setzt eine aktuelle, zweckgebundene Einwilligung der betroffenen Person voraus.
Betriebs- oder Personalrat achten darauf, dass erneute BEM-Angebote zuverlässig erfolgen und dass jedes Verfahren als eigenständiger Suchprozess mit vollständiger Aufklärung und neuerlicher Einwilligung beginnt.

16. Welche Besonderheiten gelten, wenn der Arbeitsplatz überwiegend im Homeoffice oder in mobilen Arbeitsmodellen liegt?

§ 167 Abs. 2 SGB IX enthält keine Beschränkung auf den betrieblichen Arbeitsplatz. Die Pflicht zum ergebnisoffenen Suchprozess besteht unabhängig vom Arbeitsort – auch bei Telearbeit im Sinne von § 2 Abs. 7 ArbStättV und bei mobiler Arbeit.
Eine besondere Herausforderung liegt darin, dass viele Beschäftigte im Homeoffice trotz gesundheitlicher Beeinträchtigungen weiterarbeiten. Dieses Phänomen des virtuellen Präsentismus kann dazu führen, dass die Sechs-Wochen-Schwelle gar nicht erreicht wird, obwohl ein BEM-Bedarf bestünde. Klare Vertretungsregelungen, Vereinbarungen zur Nichterreichbarkeit bei Krankheit und gezielte Führungskräfteschulungen können dem entgegenwirken. Auch die Gefährdungsbeurteilung nach § 5 Arbeitsschutzgesetz (ArbSchG) bleibt am häuslichen Arbeitsplatz verpflichtend, muss dort aber mit angepassten Methoden durchgeführt werden, da ein Betretungsrecht des Arbeitgebers an der Unverletzlichkeit der Wohnung nach Art. 13 Grundgesetz seine Grenze findet. In der Praxis kommen dafür Checklisten, Selbstauskünfte mit Bewertungshilfe oder videobasierte Begehungen in Betracht.
Wo Homeoffice betrieblich etabliert ist und die Tätigkeit es zulässt, kommt es auch als leidensgerechte Maßnahme im BEM in Betracht. Ein Anspruch auf Einrichtung eines bisher nicht vorhandenen Homeoffice-Arbeitsplatzes besteht allerdings nicht. Die Interessenvertretung stellt sicher, dass

Homeoffice im BEM als mögliche Maßnahme geprüft und das Ergebnis dokumentiert wird – unterbleibt diese Prüfung, kann dies die Darlegungs- und Beweislast des Arbeitgebers im Kündigungsschutzprozess erhöhen.

17. Wie verändert der demografische Wandel die Anforderungen an das BEM?

Der demografische Wandel verändert die Anforderungen an das BEM, weil die Belegschaften im Durchschnitt älter werden und sich das Fehlzeitenmuster mit dem Alter verschiebt. Ältere Beschäftigte sind zwar seltener arbeitsunfähig, fallen aber im Krankheitsfall deutlich länger aus. Die Sechs-Wochen-Schwelle wird bei dieser Altersgruppe daher häufiger und früher erreicht. Zudem nehmen psychische Erkrankungen bei älteren Beschäftigten spürbar zu, was den Suchprozess im BEM zusätzlich fordert.
Für das BEM bedeutet das, dass die Maßnahmenplanung stärker auf die besonderen Belastungsprofile älterer Beschäftigter eingehen muss. Altersgerechte Maßnahmen gehen über klassische Ergonomie hinaus und umfassen etwa die Anpassung von Arbeitszeit und Belastungssteuerung, den gezielten Wechsel von körperlich belastenden Tätigkeiten zu erfahrungsbasierten Aufgaben wie Einarbeitung oder fachliche Begleitung jüngerer Kolleginnen und Kollegen, Qualifizierung zur Anpassung an veränderte Anforderungen sowie eine stufenweise Wiedereingliederung mit behutsamerem Tempo. Darüber hinaus sollte das BEM auch eine präventive Perspektive einnehmen: Nicht erst bei Erreichen der Schwelle, sondern über die gesamte Erwerbsbiografie hinweg sollten Arbeitsbedingungen so gestaltet werden, dass Arbeitsfähigkeit langfristig erhalten bleibt.
Betriebs- oder Personalrat können darauf hinwirken, dass betriebliche Altersstrukturanalysen durchgeführt, Gefährdungsbeurteilungen um altersbezogene Belastungsfaktoren ergänzt und die Betriebs- oder Dienstvereinbarung zum BEM um demografiebezogene Maßnahmen erweitert werden. Je früher diese Perspektive in die betriebliche Prävention einfließt, desto seltener wird das BEM zur nachträglichen Reparatur und desto häufiger zum vorausschauenden Gestaltungsinstrument.

B. BEM-Beteiligte und ihre Rollen

18. Welche Personen sind typischerweise am BEM beteiligt?

Regelmäßig beteiligt sind die betroffene Person und der Arbeitgeber, vertreten etwa durch eine BEM-Koordination, ein BEM-Team oder die Personalabteilung. Die betroffene Person entscheidet, ob und welche weiteren Personen hinzugezogen werden; ohne ihre Zustimmung findet kein BEM statt:

- **Interessenvertretung:** Betriebs- oder Personalrat können auf Wunsch der betroffenen Person beteiligt werden. Bei schwerbehinderten oder gleichgestellten Beschäftigten tritt die Schwerbehindertenvertretung als weitere gesetzlich vorgesehene Beteiligte hinzu.
- **Vertrauensperson eigener Wahl:** Seit 2021 können Beschäftigte nach § 167 Abs. 2 Satz 2 SGB IX zusätzlich eine Person ihres Vertrauens hinzuziehen – unabhängig davon, ob eine Interessenvertretung besteht.
- **Interne Fachrollen:** Je nach Fragestellung können die direkte Führungskraft, der Betriebsarzt oder die Fachkraft für Arbeitssicherheit einbezogen werden, wenn ihre Expertise für arbeitsbezogene Lösungen gebraucht wird.
- **Externe Stellen:** Rehabilitationsträger, Integrationsamt oder Agentur für Arbeit kommen nur bei konkretem Bedarf und mit Einwilligung der betroffenen Person hinzu.

Der Beteiligtenkreis sollte stets auf das sachlich Erforderliche begrenzt bleiben. Die Interessenvertretung achtet streng darauf, dass keine Person ohne Zustimmung der betroffenen Person am Verfahren teilnimmt.

19. Welche Aufgaben hat der Arbeitgeber im BEM-Prozess?

Der Arbeitgeber trägt die Verfahrensverantwortung für das BEM. Er muss bei Erreichen der Sechs-Wochen-Schwelle ein BEM anbieten und die betroffene Person vorab verständlich über Ziel, Ablauf, vorgesehene Beteiligte, Art und Umfang der Datenverarbeitung sowie die Vertraulichkeitsregeln aufklären. Das Verfahren darf nur mit informierter Zustimmung beginnen; niemand darf zur Teilnahme gedrängt werden.
Im laufenden Prozess organisiert der Arbeitgeber einen fairen, ergebnisoffenen Suchprozess. Dazu gehört, Zuständigkeiten klar zu regeln, Gespräche sorgfältig vorzubereiten und zu moderieren, Beteiligte nur nach Bedarf und mit Einwilligung einzubinden sowie Ergebnisse und vereinbarte Maßnahmen nachvollziehbar zu dokumentieren. Soweit externe Stellen wie Rehabilitationsträger oder das Integrationsamt einbezogen werden sollen, übernimmt der Arbeitgeber die Koordination.
Besondere Sorgfalt verlangt der Umgang mit Gesundheitsdaten. Sie dürfen ausschließlich zweckgebunden verarbeitet werden und sind getrennt von der Personalakte in gesonderten BEM-Unterlagen zu führen. Der Zugriff ist auf die unmittelbar am Verfahren beteiligten Personen zu beschränken. Betriebs- oder Personalrat überwachen, dass diese Vorgaben eingehalten werden und der Arbeitgeber seiner Verfahrensverantwortung in jedem Einzelfall gerecht wird.

20. Welche Rechte hat der betroffene Beschäftigte im BEM?

Der betroffene Beschäftigte entscheidet frei, ob er am BEM teilnimmt, und kann das Verfahren jederzeit beenden. Ohne seine informierte Zustimmung darf kein BEM durchgeführt werden. Er hat Anspruch auf eine verständliche Aufklärung über Ziel, Ablauf, vorgesehene Beteiligte sowie über Art und Umfang der Datenverarbeitung, bevor er sich für oder gegen die Teilnahme entscheidet.
Im laufenden Verfahren stehen dem Beschäftigten umfassende Datenschutzrechte zu. Gesundheitsdaten dürfen nur verarbeitet werden, soweit sie für das BEM erforderlich sind – zweckgebunden, vertraulich und zu-

griffsbeschränkt. Der Beschäftigte kann Auskunft über die im BEM verwendeten Daten verlangen, unzutreffende Angaben korrigieren lassen und darauf bestehen, dass BEM-Unterlagen getrennt von der Personalakte geführt werden.
Darüber hinaus bestimmt der Beschäftigte den Kreis der Beteiligten mit. Er kann eine Vertrauensperson eigener Wahl hinzuziehen und auf Wunsch den Betriebs- oder Personalrat beteiligen lassen; bei schwerbehinderten oder gleichgestellten Beschäftigten gilt dies zusätzlich für die Schwerbehindertenvertretung. Ein Recht auf eine bestimmte Maßnahme besteht nicht, wohl aber das Recht darauf, dass der Arbeitgeber ernsthaft und ergebnisoffen nach tragfähigen Lösungen sucht und das BEM nicht als Druckmittel einsetzt.

21. Darf ein Mitarbeiter eine Vertrauensperson zum BEM hinzuziehen?

Beschäftigte dürfen eine Vertrauensperson eigener Wahl zum BEM hinzuziehen. Dieses Recht ist seit 2021 ausdrücklich in § 167 Abs. 2 Satz 2 SGB IX verankert. Als Vertrauensperson kommt jede Person in Betracht, der der Beschäftigte vertraut – etwa ein Angehöriger, ein Kollege oder ein Rechtsanwalt. Entscheidend ist allein die freie Wahl der betroffenen Person.
Die Vertrauensperson begleitet und unterstützt den Beschäftigten im Gespräch; sie trifft keine Entscheidungen im Verfahren und nimmt keine eigene Verfahrensrolle ein. Weil im BEM regelmäßig sensible Gesundheitsdaten berührt werden, sollte vor Beginn klargestellt werden, dass auch die Vertrauensperson zur Vertraulichkeit verpflichtet ist. Der Arbeitgeber wird vorab über die Teilnahme informiert, damit Rollen und Vertraulichkeitsregeln für alle Beteiligten transparent sind.
Eine Pflicht des Arbeitgebers, die mit der Teilnahme verbundenen Kosten zu übernehmen, besteht nicht. Die Vertrauensperson kann die Beteiligung der Interessenvertretung ergänzen, ersetzt sie aber nicht. Betriebs- oder Personalrat und gegebenenfalls die Schwerbehindertenvertretung bleiben eigenständige Beteiligte mit eigenen Rechten im Verfahren.

22. Welche Rolle spielt die Personalabteilung beim BEM?

Die Personalabteilung handelt im BEM als Vertreterin des Arbeitgebers und übernimmt in vielen Betrieben die organisatorische Steuerung des Verfahrens. Sie kann das BEM-Angebot auslösen, die betroffene Person verständlich über Ziel, Ablauf, Beteiligte und Datenverarbeitung informieren, Termine koordinieren und dafür sorgen, dass Zuständigkeiten und Vertraulichkeitsregeln geklärt sind. Rechtlich verantwortlich bleibt der Arbeitgeber; die Personalabteilung handelt in seinem Auftrag.

Im laufenden Verfahren sollte ihre Rolle klar begrenzt sein. Sie unterstützt den ergebnisoffenen Suchprozess, prüft betriebliche Umsetzungswege und koordiniert bei Bedarf externe Stellen. Die Entscheidung, wer am BEM teilnimmt, trifft nicht die Personalabteilung, sondern die betroffene Person selbst. Betriebs- oder Personalrat und gegebenenfalls die Schwerbehindertenvertretung werden nur auf deren Wunsch beteiligt.

Weil die Personalabteilung oft zugleich für Fehlzeitenauswertung, Personalmaßnahmen und arbeitsrechtliche Fragen zuständig ist, können Rollenkonflikte entstehen. Ein klarer Schutzrahmen ist daher unverzichtbar: keine Diagnosen abfragen, nur für das BEM erforderliche Informationen erheben und BEM-Unterlagen strikt getrennt von der Personalakte führen. Wo diese Trennung organisatorisch nicht glaubwürdig gewährleistet werden kann, empfiehlt es sich, eine eigenständige BEM-Koordination oder ein separates BEM-Team einzurichten.

23. Sollen direkte Vorgesetzte an BEM-Gesprächen teilnehmen?

Direkte Vorgesetzte nehmen nur dann an BEM-Gesprächen teil, wenn die betroffene Person dem ausdrücklich zustimmt und ihre Beteiligung für die Klärung sachlich sinnvoll ist. Vorgesetzte kennen Tätigkeit, Arbeitsabläufe und Belastungen im Arbeitsumfeld und können betriebliche Maßnahmen oft am besten einschätzen und umsetzen. Ohne diese Perspektive bleibt der Suchprozess mitunter zu abstrakt.

Gleichzeitig kann die Anwesenheit von Vorgesetzten die Offenheit im Gespräch beeinträchtigen. Beschäftigte befürchten, dass Aussagen später

gegen sie verwendet werden oder dass das Gespräch in eine Leistungs- oder Verhaltensbewertung abgleitet. Wenn Vorgesetzte beteiligt werden, müssen die Rollen klar abgegrenzt sein: Es werden nur arbeitsbezogene Fragen besprochen, die für die Lösungsfindung erforderlich sind. Diagnosen und Behandlungsdetails dürfen nicht erfragt werden.
Als Orientierung empfiehlt sich, vorab das Ziel des jeweiligen Gesprächs zu klären. Geht es um organisatorische Anpassungen im Arbeitsbereich, kann die Teilnahme des Vorgesetzten den Prozess voranbringen. Steht dagegen eine vertrauliche Bestandsaufnahme oder eine sensible Konfliktlage im Vordergrund, ist ein Gespräch ohne Vorgesetzten oft der bessere Einstieg. Betriebs- oder Personalrat achten sensibel darauf, dass die Zustimmung der betroffenen Person tatsächlich freiwillig erfolgt und nicht durch Erwartungsdruck beeinflusst wird.

24. Welche externen Fachleute können im BEM hinzugezogen werden?

Externe Fachleute können im BEM hinzugezogen werden, wenn ihre Unterstützung für tragfähige Lösungen erforderlich ist – stets nur mit Zustimmung der betroffenen Person. Typische externe Beteiligte sind die Rehabilitationsträger wie Renten-, Unfall- und Krankenversicherung oder die Agentur für Arbeit. Bei schwerbehinderten oder gleichgestellten Beschäftigten kommt das Integrationsamt als zentrale Anlaufstelle hinzu. Diese Stellen können helfen, passende Leistungen zur Teilhabe, Rehabilitation oder Arbeitsplatzsicherung zu klären und deren Umsetzung zu begleiten.
Darüber hinaus kommen je nach Fragestellung weitere Fachleute in Betracht, etwa Integrationsfachdienste, technische Beratungsdienste des Integrationsamtes oder spezialisierte Berater für behinderungsgerechte Arbeitsgestaltung. Auch eine externe Moderation kann sinnvoll sein, wenn das Verfahren durch Interessenkonflikte oder fehlende Gesprächsbasis belastet ist. Sie ergänzt den Prozess, ersetzt aber nicht die Verfahrensverantwortung des Arbeitgebers.
Externe werden nicht vorsorglich eingeladen, sondern gezielt nach Bedarf einbezogen. Vorab muss geklärt sein, welche Rolle sie übernehmen, welche Informationen sie erhalten und wie Vertraulichkeit sowie Zweckbindung

gewahrt bleiben. Betriebs- oder Personalrat und bei schwerbehinderten oder gleichgestellten Beschäftigten die Schwerbehindertenvertretung achten darauf, dass der Beteiligtenkreis eng bleibt und keine Gesundheitsdaten weitergegeben werden, die für die Lösungsfindung nicht erforderlich sind.

25. Welche Rolle hat der Betriebsarzt im BEM?

Der Betriebsarzt wirkt im BEM als arbeitsmedizinischer Fachberater. Er unterstützt dabei, die Arbeitsfähigkeit im konkreten Arbeitsumfeld einzuschätzen und Vorschläge zu entwickeln, wie Belastungen reduziert und die Rückkehr in die Arbeit stabil gestaltet werden können. Er behandelt nicht die Erkrankung und ersetzt nicht den behandelnden Arzt. Sein Beitrag bezieht sich auf die arbeitsbezogenen Auswirkungen und die Gestaltung geeigneter Rahmenbedingungen.
Die Beteiligung des Betriebsarztes ist freiwillig und setzt die Zustimmung der betroffenen Person voraus. Er unterliegt der ärztlichen Schweigepflicht: Diagnosen, Therapien oder intime Gesundheitsdetails gehören nicht ins BEM. Zulässig und hilfreich sind funktionsbezogene Angaben zu bestehenden Einsatzmöglichkeiten und Einschränkungen sowie Empfehlungen zur Arbeitsgestaltung. Typische Beiträge sind:

- arbeitsmedizinische Einschätzung von Belastungen und Tätigkeitsanforderungen am konkreten Arbeitsplatz
- Empfehlungen zu Anpassungen der Arbeitsorganisation, stufenweiser Wiedereingliederung und Prävention
- Hinweise auf mögliche externe Unterstützungsleistungen, etwa durch Rehabilitationsträger

Betriebs- oder Personalrat wirken darauf hin, dass Zuständigkeit, Informationsumfang, Dokumentation und Zugriff vorab klar geregelt werden. Die Erkenntnisse des Betriebsarztes dürfen ausschließlich zweckgebunden im BEM verwendet und nicht in die Personalakte übernommen werden. Nur so bleibt seine arbeitsmedizinische Beratung von den Beschäftigten als vertrauenswürdig anerkannt.

26. Kann der Beschäftigte die Beteiligung des Betriebsrats am BEM ablehnen?

Der Beschäftigte kann die Beteiligung des Betriebs- oder Personalrats am eigenen BEM ablehnen. Das BEM startet nur mit Zustimmung der betroffenen Person, und dazu gehört auch das Recht, den Kreis der Beteiligten mitzubestimmen. Der Arbeitgeber muss im Einladungsschreiben auf die Möglichkeit hinweisen, die Interessenvertretung hinzuzuziehen, darf sie aber gegen den Willen des Beschäftigten nicht zu den Gesprächen einladen. Im öffentlichen Dienst gilt dies entsprechend für den Personalrat nach dem jeweils anwendbaren Personalvertretungsrecht.
Die kollektiven Rechte der Interessenvertretung bleiben davon unberührt. Betriebs- oder Personalrat überwachen, ob der Arbeitgeber das BEM ordnungsgemäß organisiert und berechtigten Beschäftigten zuverlässig ein Angebot unterbreitet. Sie können die Klärung nach § 167 Abs. 2 Satz 7 SGB IX auch von sich aus verlangen. Ohne Einwilligung der betroffenen Person erhalten sie jedoch weder Gesundheitsdaten noch fallbezogene Details aus dem einzelnen Verfahren.
Der Beschäftigte kann seine Entscheidung jederzeit ändern und die Interessenvertretung nachträglich hinzuziehen oder ihre Beteiligung auf bestimmte Gesprächsteile beschränken. Diese Flexibilität gehört zum Grundsatz der Freiwilligkeit und stärkt die Bereitschaft, sich auf den Suchprozess einzulassen.

27. Wer moderiert normalerweise die BEM-Gespräche?

Moderiert wird ein BEM-Gespräch meist durch eine dafür benannte interne Person – häufig eine BEM-Koordination oder ein Mitglied des BEM-Teams. Entscheidend ist weniger die organisatorische Zuordnung als die Fähigkeit, das Gespräch lösungsorientiert zu führen, Rollen zu klären und eine vertrauensvolle Gesprächsatmosphäre zu schaffen.
Eine gute Moderation achtet auf klare Ziele, einen fairen Ablauf und die Einhaltung des Datenschutzes. Es werden nur arbeitsbezogene Informationen besprochen, Diagnosen und Behandlungsdetails dürfen nicht erfragt werden, und es muss transparent sein, wer dokumentiert und wer Zugriff auf die Unterlagen erhält. Direkte Vorgesetzte moderieren in der

Regel nicht, weil sie leicht in eine bewertende Rolle geraten. Sie können jedoch – mit Zustimmung der betroffenen Person – punktuell zur Klärung von Arbeitsorganisation und Umsetzungsfragen beitragen.
In schwierigen Konstellationen, etwa bei Interessenkonflikten oder einer belasteten Gesprächsbasis, kann eine externe Moderation sinnvoll sein. Betriebs- oder Personalrat und bei schwerbehinderten oder gleichgestellten Beschäftigten die Schwerbehindertenvertretung achten darauf, dass die Moderation von allen Beteiligten akzeptiert wird, der Beteiligtenkreis eng bleibt und das BEM-Gespräch nicht in ein allgemeines Personalgespräch übergeht.

28. Muss der Arbeitgeber bei Bedarf Reha-Träger oder das Integrationsamt hinzuziehen?

Wird im BEM erkennbar, dass Leistungen zur Teilhabe oder begleitende Hilfen im Arbeitsleben erforderlich sind, muss der Arbeitgeber die zuständigen Rehabilitationsträger einbeziehen. Bei schwerbehinderten oder gleichgestellten Beschäftigten ist zusätzlich das Integrationsamt hinzuzuziehen. Diese Pflicht ergibt sich unmittelbar aus dem Suchprozess nach § 167 Abs. 2 SGB IX: Ohne die Einbindung externer Stellen bleiben Fördermöglichkeiten, technische Hilfen oder Leistungen zur Arbeitsplatzsicherung häufig ungenutzt.
Die Hinzuziehung setzt allerdings die Zustimmung der betroffenen Person voraus. Ohne ihre Einwilligung darf der Arbeitgeber weder Rehabilitationsträger noch Integrationsamt in das Verfahren einbeziehen oder Gesundheitsdaten übermitteln. Der Arbeitgeber muss daher den Bedarf erkennen und den Kontakt zu den zuständigen Stellen aktiv anbieten, zugleich aber Freiwilligkeit, Zweckbindung und Vertraulichkeit wahren.
Betriebs- oder Personalrat und bei schwerbehinderten oder gleichgestellten Beschäftigten die Schwerbehindertenvertretung wachen darüber, dass der Arbeitgeber bei erkennbarem Bedarf tatsächlich auf externe Unterstützung hinwirkt und das BEM nicht auf innerbetriebliche Maßnahmen verengt. Die Einwilligung der betroffenen Person muss klar eingeholt und nur die für die Leistungsklärung erforderlichen Informationen dürfen weitergegeben werden.

29. Welche Rolle kann die Fachkraft für Arbeitssicherheit im BEM übernehmen?

Die Fachkraft für Arbeitssicherheit kann im BEM eine wichtige Unterstützungsrolle übernehmen, wenn es um die sichere und belastungsreduzierte Gestaltung von Arbeit geht. Ihr Beitrag bezieht sich nicht auf die Erkrankung selbst, sondern auf die Arbeitsbedingungen: Welche Belastungen bestehen am konkreten Arbeitsplatz, welche Schutzmaßnahmen sind möglich und welche technischen oder organisatorischen Anpassungen kommen in Betracht?

In der Praxis kann die Fachkraft für Arbeitssicherheit insbesondere zu ergonomischer Gestaltung, Arbeitsorganisation, Arbeitsmitteln und Arbeitsumgebungsfaktoren beraten. Sie kann vorhandene Gefährdungsbeurteilungen einordnen, Lücken aufzeigen und anstoßen, dass Arbeitsschutzmaßnahmen konkret umgesetzt oder aktualisiert werden. So wird das BEM anschlussfähig an den betrieblichen Arbeitsschutz und die Prävention, ohne dass der Suchprozess seinen individuellen Fokus verliert.

Ihre Beteiligung setzt – wie bei allen zusätzlichen Beteiligten – die Zustimmung der betroffenen Person voraus. Betriebs- oder Personalrat achten darauf, dass die Fachkraft für Arbeitssicherheit nur die für die Lösungsfindung erforderlichen Informationen erhält und ihre Erkenntnisse ausschließlich zweckgebunden im BEM verwendet werden.

30. Dürfen externe Berater oder Dienstleister am BEM teilnehmen?

Externe Berater oder Dienstleister können am BEM teilnehmen, wenn ihre Mitwirkung für die Klärung sachlich sinnvoll ist und die betroffene Person dem ausdrücklich zustimmt. Der Arbeitgeber muss vorab transparent machen, welche Rolle der Externe übernimmt, welche Informationen er erhält und zu welchem Zweck sie verwendet werden. Ohne Zustimmung der betroffenen Person darf niemand hinzugezogen werden.

Der Datenschutz setzt dabei enge Grenzen. Im BEM werden regelmäßig Gesundheitsdaten berührt; externe Beteiligte dürfen daher nur die Daten erhalten, die für ihren konkreten Beitrag erforderlich sind. Sie müssen zur Vertraulichkeit verpflichtet werden, und je nach Ausgestaltung ist eine

klare vertragliche Einbindung nach der DSGVO erforderlich – etwa als Auftragsverarbeitung oder als eigenständige datenschutzrechtliche Verantwortlichkeit. Dokumentation, Aufbewahrung und Zugriff sind vorab verbindlich zu regeln.
Betriebs- oder Personalrat und bei schwerbehinderten oder gleichgestellten Beschäftigten die Schwerbehindertenvertretung achten darauf, dass der Beteiligtenkreis eng begrenzt bleibt und externe Unterstützung gezielt dem Suchprozess dient. Externe dürfen nicht anlasslos eingebunden werden und ihre Mitwirkung darf nicht der Vorbereitung von Personalmaßnahmen dienen.

31. Haftet der Arbeitgeber für Fehler, die einem externen BEM-Dienstleister bei der Durchführung des Verfahrens unterlaufen?

Verfahrensfehler eines externen BEM-Dienstleisters werden dem Arbeitgeber zugerechnet. Das ergibt sich aus § 278 BGB: Wer einen Dritten mit der Erfüllung einer gesetzlichen Pflicht beauftragt, haftet für dessen Fehler wie für eigene. Die Beauftragung eines Dienstleisters entbindet den Arbeitgeber daher nicht von seiner Verantwortung für ein ordnungsgemäßes BEM. Das Landesarbeitsgericht Baden-Württemberg hat dies 2025 ausdrücklich bestätigt und eine Kündigung für unwirksam erklärt, weil der beauftragte Dienstleister unter anderem keine Datenschutzinformation erteilt, die BEM-Beteiligten nicht benannt und Informationsgespräch und BEM-Verfahren unzulässig vermischt hatte.
Für die Praxis bedeutet das: Der Arbeitgeber muss die Qualität der externen Durchführung sicherstellen. Der Dienstleistungsvertrag sollte datenschutzrechtliche Pflichten, Dokumentationsregeln und Kontrollrechte klar regeln. Da der externe Dienstleister im BEM regelmäßig eigenständig oder gemeinsam mit dem Arbeitgeber datenschutzrechtlich verantwortlich ist, genügt eine bloße Auftragsverarbeitungsvereinbarung in der Regel nicht.
Betriebs- oder Personalrat sollen den Verfahrensablauf auch bei externer Durchführung genau prüfen. Insbesondere muss die Trennung zwischen Informationsgespräch und eigentlichem BEM-Verfahren gewahrt bleiben

und die betroffene Person vollständig über Datenschutz und Beteiligte aufgeklärt werden, bevor das Verfahren beginnt.

32. Ist es sinnvoll, ein festes BEM-Team im Unternehmen einzurichten?

Ein festes BEM-Team ist in vielen Betrieben sinnvoll, wenn es klar definiert, fachlich geschult und datenschutzkonform organisiert ist. Der wesentliche Vorteil liegt in der Verlässlichkeit: Zuständigkeiten, Abläufe und Standards für Einladung, Aufklärung, Dokumentation und Folgemaßnahmen bleiben konstant. Das reduziert Zufälligkeiten, verhindert improvisierte Einzelfalllösungen und schafft Vertrauen, weil Beschäftigte wissen, wer zuständig ist und wie das Verfahren abläuft.
Ein festes Team verbessert auch die Qualität der Lösungen. Wenn arbeitsbezogene Perspektiven – etwa BEM-Koordination, Personalstelle und bei Bedarf Arbeitsschutz oder Arbeitsmedizin – strukturiert zusammenwirken, werden Maßnahmen realistischer und schneller umsetzbar. Zudem kann das Team die Schnittstellen zu Prävention, Arbeitsschutz und externen Leistungsträgern routiniert bedienen, ohne dass das Verfahren bei jedem neuen Fall von Grund auf organisiert werden muss.
Entscheidend sind klare Grenzen: Der feste Kern sollte klein sein. Weitere Personen wie Vorgesetzte, Betriebsarzt, Fachkraft für Arbeitssicherheit oder externe Stellen werden nur fallbezogen und mit Zustimmung der betroffenen Person hinzugezogen. BEM-Unterlagen sind strikt getrennt von der Personalakte zu führen, mit eng geregeltem Zugriff und einem klaren Löschkonzept. Betriebs- oder Personalrat gestalten das Teamkonzept mit, fordern verbindliche Standards ein und achten darauf, dass das Team dem ergebnisoffenen Suchprozess dient.

C. Mitbestimmung der Interessenvertretung im BEM

33. Unterliegt das BEM der Mitbestimmung des Betriebsrats?

Das BEM unterliegt nicht als Einzelfallverfahren der Mitbestimmung. Die Pflicht des Arbeitgebers, ein BEM anzubieten, ergibt sich unmittelbar aus § 167 Abs. 2 SGB IX; der Betriebsrat kann sie weder aussetzen noch ein BEM gegen den Willen des Beschäftigten erzwingen. Ohne Einwilligung der betroffenen Person erhält der Betriebsrat keine fallbezogenen Informationen oder Gesundheitsdaten und nimmt an den Gesprächen nur teil, wenn der Beschäftigte dies ausdrücklich wünscht.

Mitbestimmung greift dagegen bei der Ausgestaltung des Verfahrens auf betrieblicher Ebene. Der Betriebsrat kann über eine Betriebsvereinbarung verbindliche Regeln für das gesamte BEM-Verfahren mitgestalten – vom Auslöse- und Einladungsprozess über Rollen und Zuständigkeiten, Dokumentation und Aufbewahrung bis hin zu Datenschutz- und Zugriffsregeln. Geregelt werden sollte insbesondere die strikte Trennung von BEM-Unterlagen und Personalakte sowie die Einbindung externer Stellen und die Schnittstellen zu Arbeitsschutz und Prävention. Eine solche Vereinbarung schafft Verlässlichkeit und stellt sicher, dass das Verfahren in jedem Einzelfall nach einheitlichen Standards abläuft.

Einzelmaßnahmen, die im BEM vereinbart werden, können je nach Inhalt eigenständige Mitbestimmungsrechte auslösen – etwa bei Änderungen der Arbeitszeit, der betrieblichen Ordnung, beim Einsatz technischer Einrichtungen oder bei Versetzungen. Die Mitbestimmung über den Verfahrensrahmen ersetzt diese einzelfallbezogenen Rechte nicht, sondern ergänzt sie.

34. Welche Mitbestimmungsrechte hat der Personalrat beim BEM?

Der Personalrat ist nicht automatisch an einem einzelnen BEM-Verfahren beteiligt. Die betroffene Person entscheidet, ob er hinzugezogen wird; ohne ihre Zustimmung erhält der Personalrat weder Zugang zu den Gesprächen noch zu fallbezogenen Informationen oder Gesundheitsdaten. Das BEM bleibt ein freiwilliger Klärungsprozess, den der Arbeitgeber anbieten muss, aber nicht gegen den Willen der betroffenen Person durchführen darf.

Die eigentliche Gestaltungskraft des Personalrats liegt auf der Verfahrensebene. Nach dem jeweils anwendbaren Personalvertretungsrecht kann er darauf hinwirken, dass das BEM als verlässliches Verfahren mit einheitlichen Standards organisiert wird. Dazu gehören insbesondere Regelungen zum Auslöse- und Einladungsprozess, zur Erstinformation, zu Rollen und Zuständigkeiten, zur Dokumentation sowie zu Datenschutz und Zugriffsbeschränkungen einschließlich der strikten Trennung von BEM-Unterlagen und Personalakte. Die konkreten Beteiligungsrechte unterscheiden sich je nach Bundes- oder Landespersonalvertretungsgesetz; eine Dienstvereinbarung bietet sich an, um die Verfahrensregeln verbindlich festzulegen.

Führen die Ergebnisse eines BEM zu konkreten personellen oder organisatorischen Maßnahmen – etwa Änderungen der Arbeitszeit, Umsetzungen oder Versetzungen –, können die regulären Beteiligungsrechte des Personalrats unabhängig vom BEM-Verfahren ausgelöst werden. Diese Rechte bestehen eigenständig neben der Mitwirkung an den Verfahrensregeln.

35. Kann der Betriebs-/Personalrat ein BEM für einen betroffenen Kollegen einfordern?

Wenn der Arbeitgeber bei Erreichen der Sechs-Wochen-Schwelle kein BEM anbietet oder den Prozess nicht ernsthaft anstößt, können Betriebs- oder Personalrat die Klärung verlangen. Dieses Initiativrecht ergibt sich ausdrücklich aus § 167 Abs. 2 Satz 7 SGB IX. Bei schwerbehinderten oder gleichgestellten Beschäftigten steht es zusätzlich der Schwerbehindertenvertretung zu.

Das Initiativrecht richtet sich auf das Verfahren, nicht auf die Teilnahme des Beschäftigten. Betriebs- oder Personalrat können vom Arbeitgeber ein ordnungsgemäßes BEM-Angebot einfordern – einschließlich einer verständlichen Einladung, transparenter Information über Ziel, Ablauf und Datenschutz sowie klar geregelter Zuständigkeiten. Ein BEM gegen den Willen der betroffenen Person können sie jedoch nicht erzwingen: Die Teilnahme bleibt freiwillig, und ohne Einwilligung des Beschäftigten erhält die Interessenvertretung weder fallbezogene Informationen noch Zugang zu den Gesprächen.

In der Praxis ist das Initiativrecht ein wirksames Mittel, um sicherzustellen, dass berechtigte Beschäftigte nicht übergangen werden und der Arbeitgeber seiner gesetzlichen Pflicht nachkommt. Die Entscheidung über die Teilnahme selbst liegt allein bei der betroffenen Person.

36. Kann der Betriebs-/Personalrat eine Betriebs-/ Dienstvereinbarung zum BEM erzwingen?

Ob eine Betriebs- oder Dienstvereinbarung zum BEM erzwungen werden kann, hängt davon ab, welche Regelungsgegenstände sie enthält. Eine eigenständige Rechtsgrundlage für die erzwingbare Mitbestimmung beim BEM gibt es nicht. Erzwingbar ist eine Vereinbarung jedoch insoweit, als sie Gegenstände betrifft, die der Mitbestimmung unterliegen – insbesondere Fragen der betrieblichen Ordnung, des Verfahrensablaufs, des Datenschutzes und des Einsatzes technischer Einrichtungen. In diesem Rahmen kann der Betriebsrat die Einigungsstelle anrufen; im öffentlichen Dienst gelten die Einigungs- oder Stufenverfahren nach dem jeweils anwendbaren Personalvertretungsrecht.

Nicht erzwingbar sind dagegen Regelungen, die über mitbestimmungspflichtige Punkte hinausgehen oder die gesetzliche Grundentscheidung verändern. Weder kann die Teilnahme der betroffenen Person an einem BEM kollektiv vorgeschrieben noch ein Anspruch auf bestimmte Maßnahmen begründet werden. Das BEM bleibt im Einzelfall ein freiwilliger Klärungsprozess, dessen Durchführung von der Zustimmung der betroffenen Person abhängt.

In der Praxis lässt sich eine Betriebs- oder Dienstvereinbarung zum BEM häufig durchsetzen, wenn sie sich auf klare Verfahrensregeln und Datenschutzvorgaben konzentriert. Eine solche Vereinbarung schafft Verlässlichkeit für alle Beteiligten und stärkt die Qualität des Verfahrens, ohne die individuelle Freiwilligkeit einzuschränken.

37. Welche Inhalte sollte eine Betriebs- oder Dienstvereinbarung zum BEM enthalten?

Eine Betriebs- oder Dienstvereinbarung zum BEM schafft Verlässlichkeit, indem sie das Verfahren auf betrieblicher Ebene einheitlich regelt, ohne den ergebnisoffenen Charakter des Suchprozesses einzuschränken. Im Kern sollte sie festlegen, wie die Sechs-Wochen-Schwelle erfasst und ausgewertet wird, wer für die BEM-Koordination zuständig ist und wie Einladung sowie Erstinformation gestaltet werden – einschließlich der Hinweise auf Freiwilligkeit, Beteiligte und Datenschutz. Ebenso gehören Regelungen zum Gesprächsablauf, zur Zieldefinition und zum Abschluss des Verfahrens in die Vereinbarung. Die Beteiligung weiterer Personen wie Vorgesetzte, Betriebsarzt, Fachkraft für Arbeitssicherheit oder externe Stellen sollte an klare Kriterien geknüpft und stets von der Zustimmung der betroffenen Person abhängig gemacht werden.

Unverzichtbar ist ein eigenständiger Datenschutzteil. Er regelt, welche Daten erhoben werden dürfen, zu welchem Zweck sie verwendet werden, wer Zugriff auf die Dokumentation erhält und wie Protokollierung, Aufbewahrung und Löschung organisiert sind. Die strikte Trennung von BEM-Unterlagen und Personalakte muss ebenso festgeschrieben werden wie der Grundsatz, dass nur arbeitsbezogene Informationen zu Einsatzmöglichkeiten und Einschränkungen verarbeitet werden und Diagnosen nicht erfragt werden dürfen.

Darüber hinaus empfiehlt es sich, Standards zur Qualifizierung der BEM-Beteiligten, zur Vertraulichkeit im Betrieb und zu den Schnittstellen zwischen BEM, Arbeitsschutz und Prävention aufzunehmen. Die Vereinbarung legt den verbindlichen Rahmen fest, ersetzt aber nicht die Einzelfallentscheidung der betroffenen Person und begründet keinen Anspruch auf eine bestimmte Maßnahme.

38. Muss der Arbeitgeber den Betriebs-/Personalrat über BEM-Fälle informieren?

Der Arbeitgeber muss Betriebs- oder Personalrat so informieren, dass die Interessenvertretung ihren Überwachungsauftrag nach § 167 Abs. 2 SGB IX erfüllen kann. Nach der Rechtsprechung des Bundesarbeitsgerichts gehört dazu, dass die Interessenvertretung namentlich erfährt, welchen Beschäftigten ein BEM angeboten wurde, und das jeweilige Einladungsschreiben einschließlich der beigefügten Informationen erhält. Eine lediglich anonymisierte Übersicht oder ein Musteranschreiben genügen nicht, weil sich damit weder die Vollständigkeit noch die Ordnungsmäßigkeit der einzelnen Einladungen überprüfen lässt.
Diese Informationspflicht beschränkt sich auf die Einladung und die begleitenden Unterlagen. Ob die betroffene Person das BEM annimmt oder ablehnt, welche Inhalte in den Gesprächen besprochen werden und welche Ergebnisse erzielt werden, erfährt die Interessenvertretung nur, wenn die betroffene Person dem ausdrücklich zustimmt. Ohne diese Einwilligung erhält der Betriebs- oder Personalrat weder fallbezogene Informationen noch Zugang zu Gesundheitsdaten.
Bei schwerbehinderten oder gleichgestellten Beschäftigten ist zusätzlich die Schwerbehindertenvertretung über die Einladungen zu informieren, damit auch sie ihre gesetzliche Beratungs- und Unterstützungsfunktion frühzeitig wahrnehmen kann.

39. Welche Aufgaben hat die Schwerbehindertenvertretung im BEM?

Die Schwerbehindertenvertretung ist im BEM die spezialisierte Interessenvertretung für schwerbehinderte und gleichgestellte Beschäftigte. Der Arbeitgeber muss im Einladungsschreiben auf die Möglichkeit hinweisen, die Schwerbehindertenvertretung zu beteiligen; an den Gesprächen teilnehmen darf sie jedoch nur, wenn die betroffene Person dies ausdrücklich wünscht. Darüber hinaus verfügt die Schwerbehindertenvertretung über ein eigenständiges Initiativrecht nach § 167 Abs. 2 Satz 7 SGB IX: Sie kann die Klärung verlangen, wenn der Arbeitgeber ein angezeigtes BEM nicht anbietet.

Inhaltlich unterstützt die Schwerbehindertenvertretung den Beschäftigten dabei, arbeitsbezogene Lösungen zu finden und umzusetzen. Sie bringt Wissen zu behinderungsspezifischen Förder- und Unterstützungsleistungen ein und kann – mit Einwilligung der betroffenen Person – die Einbindung des Integrationsamtes, der Integrationsfachdienste oder anderer Rehabilitationsträger anstoßen. Gerade bei der Frage, welche externen Hilfen in Betracht kommen, ist ihre Fachkenntnis für den Suchprozess häufig unverzichtbar.

Zugleich achtet die Schwerbehindertenvertretung auf einen fairen Verfahrensablauf: echte Freiwilligkeit, einen eng begrenzten Beteiligtenkreis, keine Erhebung von Diagnosen, ausschließlich arbeitsbezogene Informationen sowie klare Regeln zu Dokumentation, Zugriff und Löschung. Sie verfolgt außerdem, ob die vereinbarten Maßnahmen tatsächlich umgesetzt werden.

40. Müssen BEM-Maßnahmen mitbestimmt werden, wenn sie andere Arbeitsbedingungen berühren?

Das BEM selbst ist ein Klärungsprozess; die daraus folgenden Maßnahmen sind arbeitsrechtlich eigenständig zu bewerten. Sobald eine im BEM vereinbarte Lösung Arbeitsbedingungen ändert oder betriebliche Regelungen berührt, greifen die üblichen Beteiligungsrechte des Betriebsrats. Im öffentlichen Dienst gilt dies entsprechend für den Personalrat nach dem jeweils anwendbaren Personalvertretungsrecht. Maßgeblich ist stets der Inhalt der Maßnahme, nicht ihr Ursprung im BEM.

Typische Mitbestimmungstatbestände entstehen etwa bei Änderungen von Arbeitszeit, Schichtlage oder Arbeitsort, bei neuen Arbeitsabläufen und beim Einsatz technischer Einrichtungen. Bei der Versetzung auf einen leidensgerechten oder gesundheitsförderlichen Arbeitsplatz ist regelmäßig die Zustimmung des Betriebsrats nach § 99 BetrVG erforderlich. Daneben kommen je nach Gegenstand Mitbestimmungsrechte nach § 87 Abs. 1 BetrVG in Betracht, etwa bei Regelungen zur Ordnung des Betriebs oder zur Arbeitszeitgestaltung.

Nicht jede individuelle Absprache im BEM löst Mitbestimmung aus. Rein einzelfallbezogene Vereinbarungen ohne Auswirkungen auf andere Beschäftigte können mitbestimmungsfrei bleiben. Sobald jedoch eine allgemeine Regelungswirkung entsteht, Rechte anderer Beschäftigter berührt werden oder eine zustimmungspflichtige personelle Maßnahme umgesetzt wird, ist die Interessenvertretung einzubeziehen – unabhängig davon, dass der Anstoß aus einem BEM-Verfahren stammt.

41. Welche Bedeutung hat eine Inklusionsvereinbarung für das BEM?

Eine Inklusionsvereinbarung nach § 166 SGB IX ist eine kollektivrechtliche Vereinbarung zwischen Arbeitgeber, Schwerbehindertenvertretung und Betriebs- oder Personalrat, die die Beschäftigung und Teilhabe schwerbehinderter und gleichgestellter Menschen im Betrieb praktisch absichert. Für das BEM hat sie vor allem eine rahmensetzende Funktion: Sie kann festlegen, wie der Betrieb bei längerer oder wiederholter Arbeitsunfähigkeit dieser Personengruppe vorgeht, welche Rollen die Beteiligten übernehmen und wie Unterstützung organisiert wird.

Typische Regelungen mit BEM-Bezug betreffen die frühzeitige Einbindung der Schwerbehindertenvertretung, die Kriterien für die Hinzuziehung von Rehabilitationsträgern und Integrationsamt, die Zuständigkeiten für Koordination und Begleitung sowie die Schnittstellen zum Präventionsverfahren nach § 167 Abs. 1 SGB IX. Auch Vorgaben zur Qualifizierung der BEM-Beteiligten und zum Datenschutz – insbesondere Zweckbindung, Zugriffsbeschränkung und Trennung von BEM-Unterlagen und Personalakte – gehören dazu. An den Grundprinzipien des BEM ändert die Vereinbarung nichts: Das Verfahren bleibt freiwillig, setzt die informierte Zustimmung der betroffenen Person voraus und beschränkt sich auf arbeitsbezogene Informationen.

Eine Inklusionsvereinbarung gilt ausschließlich für schwerbehinderte und gleichgestellte Beschäftigte. Sie ersetzt daher keine allgemeine Betriebs- oder Dienstvereinbarung, die das BEM für alle Beschäftigten einheitlich regelt. In der Praxis sollten beide Regelwerke widerspruchsfrei aufeinander abgestimmt sein.

42. Wie kann die Interessenvertretung Vertrauen für das BEM bei den Beschäftigten schaffen?

Vertrauen entsteht, wenn Beschäftigte erleben, dass das BEM ihrer Arbeitsfähigkeit dient und nicht der Kontrolle. Die Interessenvertretung kann dazu beitragen, indem sie auf echte Freiwilligkeit ohne Erwartungsdruck achtet, den Beteiligtenkreis eng begrenzt hält und sicherstellt, dass ausschließlich arbeitsbezogene Informationen zu Einsatzmöglichkeiten und Einschränkungen besprochen werden. Diagnosen und Behandlungsdetails dürfen nicht erfragt werden. Die strikte Trennung von BEM-Unterlagen und Personalakte muss nicht nur vereinbart, sondern im Alltag auch durchgesetzt werden.

Am wirksamsten gelingt Vertrauensbildung über verbindliche Regeln. Eine Betriebs- oder Dienstvereinbarung sollte verständliche Erstinformationen, klare Zuständigkeiten, dokumentierte Vertraulichkeitsregeln und ein Löschkonzept festschreiben. Einladungsschreiben müssen die Wahlrechte der betroffenen Person transparent machen – insbesondere die Möglichkeit, den Betriebs- oder Personalrat, die Schwerbehindertenvertretung oder eine Vertrauensperson eigener Wahl hinzuzuziehen. Die Interessenvertretung achtet darauf, dass aus BEM-Informationen keine verdeckte Personalsteuerung entsteht und dass vereinbarte Maßnahmen tatsächlich umgesetzt und nachverfolgt werden.

Darüber hinaus stärkt die Interessenvertretung das Vertrauen durch klare Kommunikation im Betrieb: Das BEM ist ein Suchprozess zur Arbeitsplatzsicherung und kein Krankenrückkehrgespräch. Gleiche Standards für alle Beschäftigten – unabhängig von der jeweiligen Führungskraft – und eine niedrigschwellige Ansprechbarkeit bei Fragen und Unsicherheiten tragen dazu bei, dass Beschäftigte das Verfahren als echte Unterstützung wahrnehmen.

D. Datenschutz und Dokumentation im BEM

43. Welche Datenschutzregeln gelten im BEM?

Im BEM werden regelmäßig Gesundheitsdaten verarbeitet. Deshalb gelten die Vorgaben der DSGVO und des BDSG mit besonderer Strenge. Die Verarbeitung ist nur zum Zweck des BEM zulässig, muss auf das tatsächlich Erforderliche beschränkt bleiben und darf nur einem eng festgelegten Personenkreis zugänglich sein. Diagnosen und Behandlungsdetails dürfen nicht erfragt werden; verarbeitet werden ausschließlich arbeitsbezogene Angaben zu Einsatzmöglichkeiten und Einschränkungen.
Voraussetzung für die Datenverarbeitung ist eine informierte Einwilligung der betroffenen Person, die vor Beginn des Verfahrens eingeholt werden muss und jederzeit ohne Nachteile widerrufen werden kann. Das Einladungsschreiben muss transparent darlegen, wer am Verfahren beteiligt wird, welche Daten erhoben und dokumentiert werden und unter welchen Voraussetzungen eine Weitergabe an externe Stellen wie Rehabilitationsträger oder Integrationsamt erfolgen kann. Eine solche Weitergabe setzt stets eine gesonderte Einwilligung voraus.
Die im BEM anfallenden Unterlagen sind in einer gesonderten BEM-Akte zu führen und strikt von der Personalakte zu trennen. Aufbewahrungs- und Löschfristen müssen klar geregelt sein. Betriebs- oder Personalrat und bei schwerbehinderten oder gleichgestellten Beschäftigten die Schwerbehindertenvertretung achten darauf, dass diese Regeln im betrieblichen Alltag eingehalten werden und keine Daten ohne konkreten Zweck und Zustimmung erhoben oder weitergegeben werden.

44. Einwilligung im BEM: Warum ist sie nötig und muss sie schriftlich sein?

Ein BEM darf nur durchgeführt werden, wenn die betroffene Person zustimmt. Die Einwilligung sichert zum einen die Freiwilligkeit der Teilnahme: Ohne Zustimmung darf der Arbeitgeber den Klärungsprozess nicht starten. Zum anderen werden im BEM regelmäßig Gesundheitsdaten verarbeitet, die als besonders sensible Daten einer klaren, zweckgebundenen und auf das Notwendige begrenzten Rechtsgrundlage bedürfen. In der Praxis wird dies über eine ausdrückliche, informierte Einwilligung abgesichert. Die betroffene Person entscheidet darüber hinaus, wer am Verfahren beteiligt wird und welche Informationen geteilt werden. Sie kann die Einwilligung jederzeit ohne Nachteile widerrufen; die weitere Datenverarbeitung endet dann und das Verfahren wird abgeschlossen.
Eine bestimmte Form ist rechtlich nicht vorgeschrieben. Die DSGVO verlangt jedoch, dass der Arbeitgeber die Einwilligung nachweisen kann. Deshalb empfiehlt sich eine schriftliche, klar gegliederte Zustimmung – getrennt nach

- Teilnahme am BEM,
- Datenverarbeitung im Verfahren
- und gegebenenfalls Datenübermittlung an externe Stellen wie Rehabilitationsträger oder Integrationsamt.

Ergänzend sollten Hinweise auf den jederzeitigen Widerruf, die Vertraulichkeit, den Zugriff sowie Aufbewahrung und Löschung der Daten enthalten sein. Liegt keine Einwilligung vor, dokumentiert der Arbeitgeber lediglich, dass ein BEM angeboten und ob es angenommen, abgelehnt oder abgebrochen wurde – ohne Gesundheitsdetails.

45. Darf der Arbeitgeber ein erstes BEM-Informationsgespräch führen, wenn die betroffene Person der Verarbeitung ihrer Gesundheitsdaten noch nicht formell zugestimmt hat?

Ein erstes Informationsgespräch über Ziel, Ablauf und Beteiligte des BEM ist auch ohne vorherige datenschutzrechtliche Einwilligung zulässig. Das Bundesarbeitsgericht hat 2022 klargestellt, dass die Einwilligung in die Datenverarbeitung keine Voraussetzung für den Beginn des BEM ist. § 167 Abs. 2 Satz 4 SGB IX verpflichtet den Arbeitgeber lediglich, auf die Ziele des BEM sowie auf Art und Umfang der Datenerhebung hinzuweisen. Es ist dem Arbeitgeber daher möglich und zumutbar, zunächst ein Erstgespräch zu führen und darin den Verfahrensablauf zu besprechen, ohne dass bereits eine Einwilligung vorliegt.

Eine Rechtsgrundlage für die Datenverarbeitung wird erst erforderlich, sobald konkrete Gesundheitsdaten erhoben oder an Dritte weitergegeben werden sollen. In der Praxis ist dies regelmäßig eine informierte Einwilligung nach Art. 7 DSGVO. Die Datenschutzfragen lassen sich daher im Erstgespräch besprechen und die Einwilligung gezielt auf die tatsächlich benötigten Daten ausrichten, statt sie vorweg pauschal einzuholen.

Für die Interessenvertretung ist die Entscheidung von erheblicher praktischer Bedeutung: Ein Arbeitgeber darf das BEM nicht mit der Begründung verweigern oder hinauszögern, die betroffene Person habe eine vorformulierte Datenschutzerklärung noch nicht unterzeichnet. Im entschiedenen Fall hatte der Arbeitgeber genau dies getan und eine krankheitsbedingte Kündigung ausgesprochen, die das Bundesarbeitsgericht für unwirksam erklärte.

46. Welche Daten dürfen im Rahmen des BEM erhoben und verarbeitet werden?

Im BEM dürfen nur Daten erhoben und verarbeitet werden, die für den Zweck des Verfahrens erforderlich sind. Die Grundsätze der Datenminimierung und Zweckbindung setzen enge Grenzen. Typischerweise genügen arbeitsbezogene Informationen: die Fehlzeiten als Auslöser des Verfahrens, die Anforderungen der Tätigkeit, belastende Arbeitsbedingungen, funktionale Einschränkungen im Hinblick auf die Arbeit sowie die daraus abgeleiteten Maßnahmen und Vereinbarungen. Diagnosen, Befunde, Therapien, Medikation oder private Lebensumstände gehören grundsätzlich nicht ins BEM.

Wenn medizinische Informationen überhaupt eine Rolle spielen, dann nur in abstrakter, funktionsbezogener Form – etwa zur Einschätzung, welche Tätigkeiten möglich sind und welche Anpassungen in Betracht kommen. Solche Angaben dürfen nur verarbeitet werden, soweit die betroffene Per-

son sie freiwillig einbringt, und nur der eng vereinbarte Personenkreis darf Zugriff erhalten. Eine anlasslose Datenerhebung über den konkreten Klärungsbedarf hinaus ist nicht zulässig.
Auch die Dokumentation unterliegt klaren Regeln: Protokolle werden nur erstellt, soweit sie für das Verfahren erforderlich sind, und dürfen keine bewertenden Aussagen zur Leistung enthalten. BEM-Unterlagen sind getrennt von der Personalakte zu führen, mit festen Aufbewahrungs- und Löschfristen. Weitergaben an Dritte – etwa an Rehabilitationsträger, Integrationsamt oder externe Berater – setzen eine ausdrückliche Einwilligung der betroffenen Person voraus und sind auf den erforderlichen Umfang zu beschränken.

47. Dürfen im BEM Diagnosen erfragt und dokumentiert werden?

Im BEM sollen weder Diagnosen noch Krankheitsursachen erfragt werden. Das Verfahren ist auf arbeitsbezogene Lösungen ausgerichtet, nicht auf die medizinische Abklärung einer Erkrankung. Zulässig und sinnvoll sind Fragen, die an der Arbeit ansetzen: Welche Tätigkeiten oder Belastungen sind problematisch, welche Anforderungen bestehen am konkreten Arbeitsplatz und welche funktionalen Einschränkungen im Hinblick auf die Arbeit liegen vor? Alles, was darüber hinausgeht, ist in der Regel nicht erforderlich und gefährdet das Vertrauen in das Verfahren.
Auch in der Dokumentation haben Diagnosen und medizinische Befunde grundsätzlich nichts zu suchen. Festzuhalten sind das Verfahren selbst – Einladung, Zustimmung, Beteiligte –, die arbeitsbezogene Klärung im notwendigen Umfang sowie die vereinbarten Maßnahmen, Zuständigkeiten und Termine. Bringt die betroffene Person freiwillig medizinische Informationen ein, werden nicht diese selbst dokumentiert, sondern ausschließlich die daraus abgeleiteten arbeitsbezogenen Folgen. Ist eine medizinische Einschätzung erforderlich, erfolgt sie über den Betriebsarzt oder die behandelnden Ärzte; ins BEM fließen allenfalls funktionsbezogene Empfehlungen ein.
Betriebs- oder Personalrat und bei schwerbehinderten oder gleichgestellten Beschäftigten die Schwerbehindertenvertretung behalten im Blick, dass Diagnosefragen im Gespräch unterbleiben, Protokolle auf das Erfor-

derliche beschränkt bleiben und BEM-Unterlagen strikt getrennt von der Personalakte mit eng begrenztem Zugriff geführt werden.

48. Was gehört in die BEM-Akte hinein und was darf (nicht) in die Personalakte übernommen werden?

Die BEM-Akte ist eine eigenständige, vertrauliche Verfahrensakte, die auf Arbeitgeberseite geführt wird – in der Praxis meist durch eine BEM-Koordination oder ein BEM-Team. Der Zugriff ist streng begrenzt: Weder die gesamte Personalabteilung noch die Führungskraft haben standardmäßig Zugang. Wer Einsicht erhält, muss vorab feststehen; jede Erweiterung des Beteiligtenkreises setzt die Zustimmung der betroffenen Person voraus.

In die BEM-Akte gehört nur, was für das Verfahren erforderlich ist:

- Erstinformation und Einwilligungen der betroffenen Person, einschließlich der Festlegung des Beteiligtenkreises und einer etwaigen Einbindung externer Stellen
- knappe sachliche Dokumentation der arbeitsbezogenen Klärung – ausschließlich funktionsbezogen, ohne Diagnosen oder Befunde
- Vereinbarungen zu Maßnahmen, Zuständigkeiten, Zeitplan und Wirksamkeitsprüfung

Medizinische Unterlagen wie Arztbriefe, Befunde oder Diagnosen gehören grundsätzlich nicht in die BEM-Akte. Werden medizinische Einschätzungen benötigt, sind nur die daraus abgeleiteten arbeitsbezogenen Empfehlungen festzuhalten.

Dokumente aus dem BEM dürfen nicht in die Personalakte übernommen werden. Die Personalakte dient der Personalverwaltung; das BEM ist zweckgebunden und vertraulich. In die Personalakte gehört allenfalls die neutrale Information, dass ein BEM angeboten und ob es angenommen, abgelehnt oder beendet wurde – ohne inhaltliche Angaben.

Personalaktenrelevant sind nur Folgedokumente, die unabhängig vom BEM entstehen, etwa:

- eine Vertragsänderung oder Arbeitszeitvereinbarung
- eine Versetzung oder Umsetzung auf einen anderen Arbeitsplatz
- sonstige personelle Maßnahmen, die eigenständig dokumentationspflichtig sind.

49. Wie lange dürfen BEM-Unterlagen aufbewahrt werden und müssen sie nach Abschluss gelöscht werden?

BEM-Unterlagen dürfen nur so lange aufbewahrt werden, wie sie für den Zweck des Verfahrens erforderlich sind. Die Grundsätze der Zweckbindung und Speicherbegrenzung nach der DSGVO setzen hier enge Grenzen. Solange vereinbarte Maßnahmen noch laufen oder deren Wirksamkeit geprüft wird, kann eine befristete Aufbewahrung zulässig sein. Sobald das Verfahren abgeschlossen ist und kein Nachverfolgungsbedarf mehr besteht, entfällt der Verarbeitungszweck – die Unterlagen sind dann grundsätzlich zu löschen oder datenschutzkonform zu vernichten.
Die Löschpflicht erfasst insbesondere Gesprächsnotizen, Protokolle, Einwilligungen, Korrespondenz und funktionsbezogene Angaben. Davon zu unterscheiden sind Dokumente, die eine eigenständige arbeitsrechtliche Grundlage außerhalb des BEM haben, etwa eine Vertragsänderung, eine Versetzung oder eine Arbeitszeitvereinbarung. Diese werden nicht als BEM-Unterlagen, sondern als Personalvorgänge getrennt aufbewahrt und unterliegen eigenen Aufbewahrungsregeln.
Als Alternative zur Vernichtung kann die vollständige BEM-Akte der betroffenen Person ausgehändigt werden. In diesem Fall dürfen beim Arbeitgeber keine inhaltlichen Kopien verbleiben; aufbewahrt werden darf allenfalls die neutrale Information, dass ein BEM angeboten und ob es angenommen, abgelehnt oder beendet wurde. Fristen für Löschung oder Aushändigung sollten in der Betriebs- oder Dienstvereinbarung vorab verbindlich geregelt und der Vorgang selbst dokumentiert werden. Eine vorsorgliche Aufbewahrung ohne konkreten Zweck ist unzulässig.

50. Muss über die BEM-Gespräche ein Protokoll erstellt werden?

Eine gesetzliche Pflicht zur Protokollierung von BEM-Gesprächen besteht nicht. Das BEM ist ein ergebnisoffener Suchprozess; dokumentiert werden darf und soll nur, was für den Zweck des Verfahrens erforderlich ist. In der Praxis ist eine knappe Ergebnissicherung dennoch sinnvoll, damit verein-

barte Maßnahmen verbindlich bleiben und Zuständigkeiten klar nachvollzogen werden können.
Wenn protokolliert wird, sollte dies sachlich und auf das Wesentliche beschränkt geschehen: Teilnehmende, Datum, vereinbarte Ziele und nächste Schritte, Verantwortlichkeiten, Fristen sowie ein Termin zur Wirksamkeitsprüfung. Diagnosen, Befunde, Krankheitsursachen und bewertende Aussagen zur Leistung gehören nicht ins Protokoll. Die betroffene Person sollte vorab wissen, ob und was dokumentiert wird, eine Kopie des Protokolls erhalten und Korrekturen veranlassen können.
Das Protokoll gehört in die BEM-Akte und darf nicht in die Personalakte übernommen werden. Der Zugriff ist auf die unmittelbar am Verfahren beteiligten Personen zu beschränken. Nach Abschluss des BEM unterliegt das Protokoll denselben Lösch- und Aufbewahrungsregeln wie die übrigen BEM-Unterlagen und ist entweder zu vernichten oder der betroffenen Person auszuhändigen.

51. Darf der Betriebsrat die BEM-Dokumentation einsehen?

Die BEM-Dokumentation enthält regelmäßig sensible Gesundheitsdaten und gehört zur vertraulichen BEM-Akte. Der Betriebsrat hat keinen eigenständigen Anspruch auf Einsicht in die Unterlagen eines einzelnen BEM-Verfahrens. Ein Betriebsratsmitglied darf die Fallakte nur einsehen, wenn die betroffene Person es für ihr konkretes BEM hinzugezogen hat oder ausdrücklich in die Einsicht einwilligt. Ohne diese Einwilligung gibt es keinen Zugriff auf Protokolle, Gesprächsnotizen, Einwilligungen oder sonstige fallbezogene Unterlagen. Im öffentlichen Dienst gilt dies entsprechend für den Personalrat nach dem jeweils anwendbaren Personalvertretungsrecht.
Davon zu unterscheiden ist der kollektive Kontrollauftrag der Interessenvertretung. Der Betriebsrat hat das Recht, die Informationen zu erhalten, die er benötigt, um zu überwachen, ob der Arbeitgeber das BEM ordnungsgemäß anbietet und organisiert. Nach der Rechtsprechung des Bundesarbeitsgerichts umfasst dies insbesondere die namentliche Mitteilung, welchen Beschäftigten ein BEM angeboten wurde, sowie das jeweilige Einladungsschreiben einschließlich der beigefügten Informationen. Diese

Kontrolle dient der Verfahrensqualität, ersetzt aber nicht die Einsicht in die Fallakte und berechtigt nicht zum Zugriff auf inhaltliche Dokumentation einzelner BEM-Verfahren.

52. Darf der direkte Vorgesetzte Details des BEM erfahren?

Der direkte Vorgesetzte hat keinen eigenständigen Anspruch auf Informationen aus dem BEM. Gesprächsinhalte und Gesundheitsdaten werden nicht an die Führungsebene weitergegeben. Der Vorgesetzte darf Details nur erfahren, wenn die betroffene Person dem ausdrücklich zustimmt – und auch dann nur in dem Umfang, der für die Umsetzung arbeitsbezogener Lösungen tatsächlich erforderlich ist.
Zulässig sind in der Regel funktions- und umsetzungsbezogene Informationen: etwa vereinbarte Anpassungen bei Aufgaben, Arbeitszeit, Arbeitsorganisation oder Arbeitsmitteln sowie die Planung einer stufenweisen Wiedereingliederung. Diagnosen, Befunde und Behandlungsdetails dürfen nicht weitergegeben werden. Ist der Vorgesetzte nicht am BEM beteiligt, erhält er ausschließlich die Informationen, die er zur konkreten Umsetzung der vereinbarten Maßnahmen benötigt – nicht die Gesprächsdokumentation und nicht die BEM-Akte.
Betriebs- oder Personalrat wachen darüber, dass die Informationsweitergabe an Vorgesetzte klar geregelt ist und nicht über das für die Umsetzung Erforderliche hinausgeht. In der Betriebs- oder Dienstvereinbarung sollte festgelegt werden, wer welche Informationen in welchem Umfang erhält und dass die Zustimmung der betroffenen Person in jedem Einzelfall dokumentiert wird.

53. Dürfen BEM-Daten auch elektronisch gespeichert werden?

BEM-Daten dürfen elektronisch gespeichert werden. Entscheidend ist nicht das Medium, sondern dass Vertraulichkeit, Zweckbindung und Speicherbegrenzung eingehalten werden. BEM-Unterlagen bilden eine eigenständige Akte und dürfen nicht in allgemeinen Personal- oder Führungs-

kräftesystemen abgelegt werden. Weil im BEM regelmäßig Gesundheitsdaten verarbeitet werden, gelten die erhöhten Sicherheitsanforderungen der DSGVO und des BDSG.
Vor der elektronischen Speicherung sollten klare Regeln vereinbart werden, idealerweise in einer Betriebs- oder Dienstvereinbarung. Technisch sind insbesondere Maßnahmen nach Art. 32 DSGVO erforderlich:

- Rollenbasierte Zugriffsrechte, die ausschließlich dem festgelegten Beteiligtenkreis Zugang gewähren, mit Protokollierung aller Zugriffe.
- Eine getrennte, verschlüsselte Ablage mit gesicherten Übertragungswegen, die von der übrigen Personalverwaltung technisch abgeschottet ist.
- Ein Löschkonzept, das auch Sicherungskopien erfasst, damit BEM-Daten nach Verfahrensende tatsächlich vollständig gelöscht werden.

Unzulässig sind anlasslose Sammelablagen, die automatische Weiterleitung per E-Mail-Verteiler und jede Weitergabe an Dritte ohne ausdrückliche Einwilligung der betroffenen Person.

54. Unter welchen Bedingungen dürfen BEM-Daten in digitalen HR-Systemen mit anderen betrieblichen Steuerungssystemen verknüpft werden?

BEM-Daten unterliegen einer strikten Zweckbindung und dürfen ausschließlich für das BEM verarbeitet werden. Eine Verknüpfung mit anderen betrieblichen Steuerungssystemen – etwa zur Personalplanung, Leistungsbeurteilung oder statistischen Auswertung auf Einzelfallebene – ist unzulässig. Das Bundesarbeitsgericht hat wiederholt betont, dass die BEM-Akte von der Personalakte abgeschottet sein muss. Gesundheitsdaten aus dem BEM dürfen daher nicht für Personalentscheidungen herangezogen werden.
Technisch bedeutet das: BEM-Daten müssen in digitalen Personalsystemen als eigenständiger Bereich mit gesonderten Zugriffsrechten geführt werden. Der Zugriff ist auf das BEM-Team und – auf Wunsch der betroffenen Person – die Interessenvertretung und den Betriebsarzt beschränkt. Personalstelle, Führungskräfte und IT-Administration bleiben ausgeschlossen. Wo ein integriertes System diese Trennung technisch nicht gewähr-

leisten kann, sollte eine eigenständige Lösung eingesetzt werden, die keine ungeschützten Schnittstellen zur übrigen Personalverwaltung aufweist. Zulässig ist allein eine anonymisierte, zusammengefasste Auswertung auf Betriebsebene, etwa zu Angebots- oder Teilnahmequoten, sofern Rückschlüsse auf einzelne Personen ausgeschlossen sind. In kleinen Organisationseinheiten setzt dies eine ausreichende Gruppengröße voraus, damit die Anonymisierung tatsächlich gewährleistet ist. Auch für solche Auswertungen hat der Betriebsrat nach § 87 Abs. 1 Nr. 6 BetrVG ein zwingendes Mitbestimmungsrecht. In der Betriebs- oder Dienstvereinbarung sollten zulässige Auswertungen, Zugriffsrechte, Löschfristen und Zweckbindung konkret geregelt werden.

55. Sollte der betriebliche Datenschutzbeauftragte in BEM-Verfahren einbezogen werden?

Der betriebliche Datenschutzbeauftragte sollte nicht als Beteiligter in einzelne BEM-Verfahren eingebunden werden. Das BEM lebt von Vertraulichkeit und Datenminimierung; je weniger Personen Zugang zu Fallinformationen haben, desto besser. Der Datenschutzbeauftragte hat zudem eine Kontroll- und Beratungsfunktion, die mit einer Beteiligung am konkreten Einzelfall nicht vereinbar ist.

Sinnvoll und wichtig ist seine Einbindung auf anderer Ebene. Er sollte bei der Gestaltung der BEM-Prozesse, Formulare und Informationsschreiben mitwirken und die Festlegung von Zugriffsrechten, Löschfristen und Aufbewahrungsregeln begleiten. Ebenso gehören die Trennung von BEM-Unterlagen und Personalakte, die Anforderungen an die elektronische Ablage und die datenschutzrechtliche Einordnung externer Beteiligter zu seinem Beratungsfeld. Auf diese Weise trägt er dazu bei, dass das Verfahren von Anfang an datenschutzkonform aufgesetzt ist.

Im Einzelfall kommt eine Beteiligung des Datenschutzbeauftragten allenfalls ausnahmsweise in Betracht, wenn ein konkretes Datenschutzproblem im laufenden Verfahren geklärt werden muss – dann aber ohne Einsicht in inhaltliche Gesprächsdokumentation und nur im erforderlichen Umfang. Betriebs- oder Personalrat wirken darauf hin, dass die Rolle des Datenschutzbeauftragten klar auf die Systemebene begrenzt bleibt und im Einzelfall nicht zu einer Erweiterung des Beteiligtenkreises führt.

E. Ablauf des BEM-Verfahrens

56. Wie wird die Sechs-Wochen-Grenze für ein BEM berechnet?

Die BEM-Schwelle ist erreicht, wenn Beschäftigte innerhalb eines gleitenden Zwölfmonatszeitraums länger als sechs Wochen arbeitsunfähig waren – ununterbrochen oder in der Summe mehrerer Fehlzeiten. Entscheidend ist die Dauer der Arbeitsunfähigkeit, nicht die Diagnose, die Ursache oder die Art der Erkrankung. Für jeden Stichtag wird rückwärts zwölf Monate gerechnet und die in diesem Zeitraum liegenden Arbeitsunfähigkeitstage zusammengezählt.
Gezählt werden Kalendertage, nicht Arbeitstage: Sechs Wochen entsprechen 42 Kalendertagen. Wochenenden und Feiertage zählen mit, wenn sie innerhalb einer bescheinigten Arbeitsunfähigkeit oder einer nahtlosen Folgebescheinigung liegen – auch bei Teilzeitbeschäftigten. Mehrere Arbeitsunfähigkeitsphasen im Zwölfmonatszeitraum werden unabhängig von ihrer Ursache addiert. Wenn beispielsweise drei Phasen von zwölf, fünfzehn und siebzehn Kalendertagen zusammenkommen, sind insgesamt 44 Tage erreicht und die Schwelle überschritten.
Die Interessenvertretung sollte in der Betriebs- oder Dienstvereinbarung festlegen, dass die Berechnungsmethode im gesamten Betrieb nach einheitlichen Kriterien erfolgt, regelmäßig durchgeführt wird und strikt ohne Diagnosen in die Fehlzeitenerfassung einfließt.

57. Wer stellt fest, dass die Voraussetzungen für ein BEM erfüllt sind?

Die Feststellung, ob die Sechs-Wochen-Schwelle im gleitenden Zwölfmonatszeitraum erreicht ist, obliegt dem Arbeitgeber. In der Praxis übernimmt dies die Stelle, die im Betrieb die Arbeitsunfähigkeitszeiten rechtmäßig auswerten darf und dafür benannt ist – typischerweise die Personalabteilung, die Entgeltabrechnung oder eine eigene BEM-Koordinationsstelle.

Der Ablauf sollte klar geregelt sein:

Die zuständige Stelle wertet ausschließlich die Dauer der Arbeitsunfähigkeit aus, ohne Diagnosen oder Krankheitsursachen. Wird die Schwelle erreicht, erhält die BEM-Koordination den Auftrag, die Einladung zu veranlassen.

Die BEM-Koordination oder das definierte BEM-Team verschickt die Einladung im Namen des Arbeitgebers mit den erforderlichen Informationen zu Ziel, Ablauf und Datenschutz.

Vorgesetzte, Betriebs- oder Personalrat und gegebenenfalls die Schwerbehindertenvertretung können Hinweise geben, wenn ihnen ein möglicher BEM-Bedarf auffällt; die verbindliche Feststellung der Voraussetzungen liegt jedoch allein beim Arbeitgeber.

Wer das Fehlzeitenmonitoring durchführt, muss datenschutzrechtlich legitimiert sein. In der Betriebs- oder Dienstvereinbarung sollte festgelegt werden, wer die Arbeitsunfähigkeitsdaten einsehen darf, wer lediglich die Auslösemeldung erhält und dass das eigentliche BEM-Verfahren erst nach Zustimmung der betroffenen Person beginnt.

58. Kann der Arbeitgeber auch vor Erreichen der Sechs-Wochen-Grenze ein BEM anbieten?

Die Sechs-Wochen-Schwelle markiert den Zeitpunkt, ab dem der Arbeitgeber ein BEM anbieten muss. Sie hindert ihn jedoch nicht daran, bereits vorher ein Unterstützungsangebot zu unterbreiten – etwa nach einer längeren einzelnen Arbeitsunfähigkeit, bei erkennbaren Wiederholungsmustern oder nach einem gravierenden Ereignis, wenn damit Arbeitsunfähigkeit überwunden und erneuten Ausfällen vorgebeugt werden soll.

Auch ein solches frühes Angebot setzt die freiwillige Zustimmung der betroffenen Person voraus, einschließlich der Einwilligung in die Verarbeitung der dafür erforderlichen Gesundheitsdaten. Ohne Einwilligung darf kein BEM-Verfahren eingeleitet werden; möglich bleibt dann lediglich ein allgemeines Fürsorgegespräch ohne Gesundheitsdetails und ohne BEM-Dokumentation. Das Angebot muss transparent als freiwillige Präventionsmaßnahme eingeordnet werden und darf nicht als Druckmittel eingesetzt werden.
Wird später die Sechs-Wochen-Schwelle erreicht, ist der Arbeitgeber verpflichtet, erneut ein formelles BEM anzubieten; ein früheres Gespräch ersetzt diese Pflicht nicht. Betriebs- oder Personalrat und bei schwerbehinderten oder gleichgestellten Beschäftigten die Schwerbehindertenvertretung werden auch bei einem frühen Angebot nur auf Wunsch und mit Zustimmung der betroffenen Person beteiligt. Die Interessenvertretung achtet darauf, dass das Angebot als echte Unterstützung gestaltet ist und die Abgrenzung zum formellen BEM im Betrieb klar bleibt.

59. Wann sollte ein BEM angeboten werden – und schon während der Arbeitsunfähigkeit?

Ein BEM ist anzubieten, sobald die Sechs-Wochen-Schwelle im gleitenden Zwölfmonatszeitraum überschritten ist. Das Angebot sollte zeitnah erfolgen und nicht erst Wochen oder Monate aufgeschoben werden, weil mit jedem Verzug Präventionswirkung verloren geht und das Verfahren angreifbarer wird. Bei längeren Krankheitsverläufen kann ein frühes Angebot auch dazu dienen, Maßnahmen rechtzeitig vorzubereiten – etwa eine stufenweise Wiedereingliederung, die Anpassung des Arbeitsplatzes oder die Beschaffung von Hilfsmitteln.
Das Angebot darf auch während einer laufenden Arbeitsunfähigkeit ausgesprochen werden. Das Gesetz verlangt nicht, dass erst die Genesung abgewartet wird. Entscheidend ist, dass das Angebot ohne Druck erfolgt und keine Gesundheitsdetails abgefragt werden. In der Praxis empfiehlt sich häufig ein zweistufiges Vorgehen: Zunächst erhält die betroffene Person eine Einladung mit Informationen über Ziel, Freiwilligkeit, Datenschutz und mögliche Beteiligte. Die inhaltliche Klärung findet dann statt, wenn die Person dazu in der Lage ist – gegebenenfalls kurz vor der Rückkehr

oder in einem ersten Gesprächstermin mit der Möglichkeit, bei Bedarf zu vertagen.

60. In welcher Form soll das BEM dem Beschäftigten angeboten werden?

Das BEM sollte in einer Form angeboten werden, die den Zugang nachweisbar macht und zugleich Freiwilligkeit sowie Datenschutz klar abbildet. Praxisstandard ist eine schriftliche Einladung per Brief. Bei elektronischer Übermittlung muss eine gesicherte Zustellung gewährleistet sein. Eine persönliche Übergabe kommt in Betracht, setzt aber eine Empfangsbestätigung oder einen dokumentierten Vermerk voraus. Ein ausschließlich telefonisches Angebot ist nicht geeignet, weil sich weder Inhalt noch Zugang verlässlich nachweisen lassen.
Die Einladung muss als BEM-Angebot erkennbar sein und folgende Mindestinhalte enthalten:

- **Anlass und Ziel:** Hinweis, dass die Sechs-Wochen-Schwelle erreicht ist, sowie eine verständliche Erläuterung des BEM-Ziels – Arbeitsunfähigkeit überwinden, erneuten Ausfällen vorbeugen, das Arbeitsverhältnis sichern.
- **Freiwilligkeit und Datenschutz:** Klarstellung, dass Teilnahme und Angaben freiwillig sind und keine Nachteile bei Ablehnung entstehen. Erläuterung, welche Daten zu welchem Zweck verarbeitet werden, dass die BEM-Dokumentation getrennt von der Personalakte geführt wird und welche Zugriffs- und Löschregeln gelten.
- **Beteiligte und nächste Schritte:** Benennung der möglichen Beteiligten, insbesondere BEM-Koordination, Betriebs- oder Personalrat, Schwerbehindertenvertretung und Vertrauensperson eigener Wahl – jeweils nur mit Zustimmung der betroffenen Person. Terminvorschlag oder Bitte um Rückmeldung mit Kontaktmöglichkeit.

Diagnosen oder Gesundheitsdetails dürfen weder in der Einladung abgefragt noch darin enthalten sein. Ein allgemeines Rückkehrgespräch ohne die genannten BEM-Informationen ersetzt das Angebot nicht. Betriebs- oder Personalrat nutzen die Mindestinhalte als Prüfraster, um die Qualität der Einladungsschreiben im Betrieb zu sichern.

61. Was ist, wenn der Mitarbeiter auf die BEM-Einladung nicht reagiert oder das Angebot ablehnt?

Reagiert die betroffene Person nicht auf die BEM-Einladung oder lehnt sie das Angebot ausdrücklich ab, ist das Verfahren damit zunächst beendet. Ohne Zustimmung darf kein BEM durchgeführt und es dürfen keine Gesundheitsdaten erhoben oder verarbeitet werden.
Bei Nichtreaktion sollte der Arbeitgeber den Zugang der Einladung sichern und einmal sachlich mit einem Erinnerungsschreiben nachfassen. Bleibt eine Rückmeldung auch darauf aus, wird lediglich dokumentiert, dass das BEM nicht zustande gekommen ist – ohne inhaltliche Angaben. Bei ausdrücklicher Ablehnung genügt eine knappe Dokumentation mit Datum und Art der Ablehnung; die Gründe dürfen nicht erfragt werden. In beiden Fällen muss der Arbeitgeber das BEM erneut anbieten, wenn zu einem späteren Zeitpunkt die Voraussetzungen erneut vorliegen, etwa durch weitere Arbeitsunfähigkeitsphasen.
Eine Ablehnung erleichtert eine krankheitsbedingte Kündigung nicht ohne Weiteres. Der Arbeitgeber muss weiterhin prüfen, ob mildere Mittel oder Alternativen zur Kündigung erkennbar sind. Hat er allerdings ein ordnungsgemäßes BEM-Angebot mit vollständiger Aufklärung über Freiwilligkeit, Datenschutz und Beteiligte unterbreitet und wurde dieses abgelehnt oder nicht beantwortet, stärkt das seine Position im Kündigungsschutzprozess, weil er die fehlende Mitwirkung der betroffenen Person nicht zu vertreten hat.

62. Kann der Mitarbeiter ein laufendes BEM abbrechen?

Ein laufendes BEM kann von der betroffenen Person jederzeit beendet werden. Das folgt unmittelbar aus dem Grundsatz der Freiwilligkeit: Die Zustimmung zum BEM ist kein unwiderruflicher Schritt, sondern kann in jedem Verfahrensstadium ohne Angabe von Gründen zurückgenommen werden.
Mit dem Abbruch endet das Verfahren sofort. Weitere Gespräche, Maßnahmenabstimmungen und Datenerhebungen finden nicht mehr statt.

Bereits geplante Beteiligungen – etwa des Betriebs- oder Personalrats, der Schwerbehindertenvertretung oder externer Stellen – entfallen. Gesundheitsdaten dürfen ab diesem Zeitpunkt nicht weiter verarbeitet werden; die BEM-Unterlagen sind zu sperren und nach dem festgelegten Löschkonzept zu vernichten, soweit keine zwingenden Aufbewahrungsgründe außerhalb des BEM bestehen. Dokumentiert wird lediglich, dass das Verfahren auf Wunsch der betroffenen Person beendet wurde, mit Datum und ohne inhaltliche Angaben. Gesprächsinhalte dürfen nicht in die Personalakte übernommen werden.
Ein Abbruch darf nicht zu Nachteilen für die betroffene Person führen. Bei späteren arbeitsrechtlichen Auseinandersetzungen kann allerdings relevant werden, ob der Arbeitgeber ein ordnungsgemäßes BEM angeboten und bis zum Abbruch korrekt durchgeführt hat. Betriebs- oder Personalrat achten darauf, dass der Abbruch respektiert wird und die betroffene Person weiß, dass ein erneutes BEM-Angebot erfolgt, sobald die Voraussetzungen wieder vorliegen.

63. Wie läuft ein BEM-Erst- bzw. Informationsgespräch ab?

Das BEM-Erstgespräch ist das erste strukturierte Gespräch nach dem BEM-Angebot. Eine gesetzliche Bezeichnung gibt es nicht; je nach Betrieb wird es auch als Aufklärungs-, Informations- oder Orientierungsgespräch bezeichnet. Inhaltlich geht es noch nicht um konkrete Maßnahmen, sondern um einen klaren Verfahrensstart: Vertrauen herstellen, Transparenz schaffen und die Zustimmung der betroffenen Person klären.
Folgende Kerninhalte sollten im Erstgespräch behandelt werden:

- **Zweck, Möglichkeiten und Grenzen des BEM:** Warum findet das Gespräch statt, was kann das BEM leisten – etwa Anpassungen von Arbeit, Arbeitsplatz oder Arbeitszeit, stufenweise Wiedereingliederung, Einbindung von Betriebsarzt oder Rehabilitationsträgern – und was nicht: Es besteht keine Pflicht, Diagnosen zu nennen, und eine Ablehnung bleibt sanktionsfrei.
- **Vorgehen, Datenschutz und Vertraulichkeit:** Welche Schritte im Betrieb vorgesehen sind, wer welche Aufgaben übernimmt, welche Daten zu welchem Zweck verarbeitet werden, dass die BEM-Dokumentati-

on getrennt von der Personalakte geführt wird und welche Zugriffs-, Schweigepflicht- und Löschregeln gelten.

- **Mitwirkung und Einwilligung:** Abklärung, ob und in welchem Umfang die betroffene Person am BEM mitwirken möchte, Hinweis auf die jederzeitige Beendigungsmöglichkeit sowie Einholung der schriftlichen Einwilligung in die Datenverarbeitung und Festlegung, welche weiteren Personen – Betriebs- oder Personalrat, Schwerbehindertenvertretung, Betriebsarzt, Integrationsamt – einbezogen werden dürfen.

Das Erstgespräch endet mit einer klaren Weichenstellung: Stimmt die betroffene Person zu, wird das BEM formal eröffnet und die nächsten Schritte werden verbindlich vereinbart. Lehnt sie die weitere Teilnahme nach ordnungsgemäßer Aufklärung ab, ist das Verfahren abgeschlossen. Dokumentiert wird in diesem Fall nur der formale Status – ohne Gesprächsinhalte.

64. Wer sollte am BEM-Erstgespräch teilnehmen?

Am BEM-Erstgespräch sollten nur die Personen teilnehmen, die für Aufklärung, Datenschutz und den Start des Verfahrens tatsächlich erforderlich sind. Ein kleiner Beteiligtenkreis senkt die Hemmschwelle und erleichtert den Aufbau von Vertrauen.

Im Regelfall nehmen die betroffene Person und eine Vertretung des Arbeitgebers teil, meist die BEM-Koordination oder die Personalstelle. Der direkte Vorgesetzte ist nicht automatisch dabei – insbesondere dann nicht, wenn seine Anwesenheit die Gesprächsbereitschaft beeinträchtigen könnte. Je nach betrieblicher Organisation kann zusätzlich eine neutrale Moderation aus dem BEM-Team hinzukommen. Betriebs- oder Personalrat und die Schwerbehindertenvertretung nehmen am Erstgespräch nur teil, wenn die betroffene Person dies ausdrücklich wünscht; die Schwerbehindertenvertretung kommt insbesondere bei schwerbehinderten oder gleichgestellten Beschäftigten in Betracht.

Darüber hinaus kann die betroffene Person nach § 167 Abs. 2 Satz 2 SGB IX eine Vertrauensperson eigener Wahl hinzuziehen – etwa eine Kollegin, einen Familienangehörigen oder einen Rechtsbeistand. Betriebs- oder Personalrat wachen darüber, dass die betroffene Person im Einladungsschreiben über dieses Recht informiert wird und dass der Beteiligtenkreis im Erstgespräch nicht über das sachlich Erforderliche hinaus erweitert wird.

65. Wie schafft man in BEM-Gesprächen eine vertrauensvolle Atmosphäre?

Vertrauen im BEM entsteht nicht durch einzelne Gesprächstechniken, sondern durch Struktur, Verlässlichkeit und konsequenten Datenschutz. Die betroffene Person muss erleben, dass die Freiwilligkeit tatsächlich gelebt wird – ohne versteckte Erwartungen und ohne Drohkulissen. Dazu gehört, dass Rolle und Zweck des Gesprächs von Anfang an klar benannt werden: Es geht um Arbeitsfähigkeit und passende Rahmenbedingungen, nicht um Diagnosen, Schuldfragen oder Leistungsbewertung. Der Beteiligtenkreis bleibt klein, Vorgesetzte nehmen nur auf ausdrücklichen Wunsch teil, und die Gesprächsführung orientiert sich an aktivem Zuhören, Zusammenfassen und Nachfragen statt an schnellen Ratschlägen.
Ebenso wichtig ist die organisatorische Absicherung des Vertrauens. Die strikte Trennung von BEM-Akte und Personalakte, eng begrenzte Zugriffsrechte und eine sparsame, transparente Dokumentation müssen nicht nur vereinbart, sondern im Alltag sichtbar umgesetzt werden. Die betroffene Person sollte wissen, was dokumentiert wird, Einsicht nehmen und Korrekturen veranlassen können. Vereinbarungen werden schriftlich festgehalten, Termine eingehalten und Rückmeldungen gegeben; Verbindlichkeit im Kleinen ist einer der stärksten Vertrauensanker.
Schließlich trägt ein pragmatischer Fokus auf das Machbare erheblich zur Vertrauensbildung bei. Wer früh konkrete, auch kleine Entlastungen vereinbart – etwa bei Arbeitszeit, Aufgabenzuschnitt oder Pausenregelungen –, zeigt, dass das BEM tatsächlich Ergebnisse hervorbringt. Betriebs- oder Personalrat achten darauf, dass das Gesprächstempo an die Belastungslage der betroffenen Person angepasst wird und Folgetermine angeboten werden, wenn das Gespräch als zu belastend empfunden wird.

66. Dürfen BEM-Gespräche per Videokonferenz geführt werden und welche Voraussetzungen müssen dafür erfüllt sein?

§ 167 Abs. 2 SGB IX enthält weder ein Präsenzgebot noch eine ausdrückliche Regelung zum Format der BEM-Gespräche. Ein Recht des Arbeitgebers, ein BEM ausschließlich per Videokonferenz durchzuführen, besteht nicht; die Ablehnung eines nur per Video angebotenen Gesprächs darf nicht als Verweigerung des BEM gewertet werden.
Wird das Gespräch per Video geführt, gelten erhöhte Datenschutzanforderungen, weil im BEM regelmäßig Gesundheitsdaten verarbeitet werden. Die eingesetzte Plattform muss verschlüsselte Übertragung gewährleisten, und mit dem Anbieter ist ein Auftragsverarbeitungsvertrag nach Art. 28 DSGVO erforderlich. Alle Teilnehmenden müssen sich allein in einem geschlossenen Raum befinden. Automatische Transkriptions- und Zusammenfassungsfunktionen – etwa durch KI-gestützte Tools in Videokonferenzsystemen – müssen deaktiviert werden, da sie gesprochene Beiträge mit Sprecherzuordnung in Text überführen und speichern. Eine Aufzeichnung von BEM-Gesprächen ist unzulässig. Die Deaktivierung solcher Funktionen und die technischen Schutzmaßnahmen sollten in der Betriebs- oder Dienstvereinbarung verbindlich geregelt werden.
Bei schwerbehinderten oder gleichgestellten Beschäftigten ist zudem die Barrierefreiheit der eingesetzten Technik sicherzustellen. Die Interessenvertretung wacht darüber, dass die Formatwahl tatsächlich freiwillig bleibt, die technischen Schutzmaßnahmen eingehalten werden und die betroffene Person über die Besonderheiten eines Video-BEM vorab aufgeklärt wird.

67. Was ist, wenn der Mitarbeiter sein gesundheitliches Problem nicht ansprechen will?

Das ist zulässig und kommt in der Praxis häufig vor. Im BEM besteht keine Pflicht, Diagnosen oder Krankheitsursachen offenzulegen. Das Verfahren setzt nicht am Krankheitsbild an, sondern am Leistungsbild: Welche Tätigkeiten sind arbeitsbezogen möglich und welche derzeit nicht oder nur eingeschränkt? Diese funktionsbezogene Betrachtung – in der Fachspra-

che als positives und negatives Leistungsbild bezeichnet – genügt in den meisten Fällen, um tragfähige Lösungen zu entwickeln.
Wenn die betroffene Person keine näheren Angaben machen möchte, empfehlen sich folgende Ansätze:

- **Leistungsbild und Einschränkungen konkretisieren:** Gemeinsam herausarbeiten, welche Tätigkeiten gut möglich sind und welche nicht – etwa körperliche Belastungen, Schichtarbeit, Zeitdruck oder bestimmte Umgebungsfaktoren. Ergänzend klären, welche Rahmenbedingungen die Arbeitsfähigkeit stabilisieren.
- **Betriebsarzt als arbeitsmedizinischen Berater einbinden:** Wenn gegenüber der Personalstelle oder Führungskraft keine Details genannt werden sollen, kann der Betriebsarzt das Leistungsbild einordnen und dem Arbeitgeber ein funktionsbezogenes Einsatz- und Belastungsprofil ohne Diagnose zurückmelden.
- **Schrittweise Maßnahmen erproben:** Zunächst kleine, reversible Anpassungen vereinbaren – etwa bei Arbeitszeit, Aufgabenzuschnitt, Hilfsmitteln oder Arbeitsplatzgestaltung – und nach kurzer Frist deren Wirksamkeit gemeinsam bewerten.
- **Dokumentation datensparsam halten:** Festhalten, dass keine Diagnosen thematisiert wurden und welche Punkte des Leistungsbilds als Grundlage für die vereinbarten Maßnahmen ausreichen.

Auch ohne detaillierte Angaben zu Gesundheitsproblemen kann ein BEM zu sinnvollen Ergebnissen führen. Bleibt das Leistungsbild allerdings gänzlich unkonkret, werden die Lösungsansätze zwangsläufig allgemein. Das rechtfertigt jedoch weder Druck noch Zwang zur Offenlegung. Betriebs- oder Personalrat achten darauf, dass die Gesprächsführung die Grenzen der betroffenen Person respektiert und der Fokus konsequent auf arbeitsbezogenen Lösungen bleibt.

68. Was ist eine BEM-Fallbesprechung und wer nimmt daran teil?

Eine BEM-Fallbesprechung ist eine strukturierte Arbeitsrunde, in der die vorliegenden Informationen gebündelt und in einen umsetzbaren Maßnahmenplan übersetzt werden. Im Mittelpunkt steht die fachliche Planung konkreter betrieblicher Veränderungen. Ausgangspunkt ist das Leistungs-

bild der betroffenen Person: Welche Tätigkeiten sind unter welchen Bedingungen möglich und wo bestehen Einschränkungen – etwa bei Belastbarkeit, Zeitdruck, Schichtfähigkeit oder Pausenbedarf? Parallel wird die Arbeitssituation aufgearbeitet: bisherige Aufgaben, organisatorische Spielräume, Arbeitsmittel und Umgebungsfaktoren. Anforderungsprofil und Leistungsbild werden abgeglichen, um Passungen und Anpassungsbedarf sichtbar zu machen. Diagnosen sind dafür nicht erforderlich; es genügt zu wissen, worauf bei der Arbeitsgestaltung zu achten ist.
Der Teilnehmerkreis wird fallbezogen zusammengestellt:

- **Kern:** BEM-Koordination sowie eine Vertretung des Arbeitgebers mit Entscheidungsspielraum.
- **Mit Zustimmung der betroffenen Person:** Betriebs- oder Personalrat, Schwerbehindertenvertretung, Betriebsarzt für die Einordnung des Leistungsbilds, Fachkraft für Arbeitssicherheit bei technischen Anpassungen sowie externe Stellen wie Integrationsamt, Integrationsfachdienste oder Rehabilitationsträger.
- **Vorgesetzte:** häufig für Umsetzungsfragen relevant, bei Konflikten aber besser gezielt und zu einem späteren Zeitpunkt einzubinden.

Betriebs- oder Personalrat achten penibel darauf, dass keine Fallbesprechung ohne Wissen und Zustimmung der betroffenen Person stattfindet und dass in der Runde ausschließlich arbeitsbezogene Informationen besprochen werden.

69. Wie werden die Arbeitssituation und das Leistungsbild analysiert und daraus geeignete Maßnahmen abgeleitet?

Die Situationsanalyse im BEM beruht auf drei Bausteinen. Zunächst wird das Leistungsbild der betroffenen Person erhoben: Welche Tätigkeiten sind unter welchen Bedingungen möglich und wo bestehen Einschränkungen? Diagnosen werden dafür nicht benötigt; eine strukturierte arbeitsmedizinische Einschätzung oder funktionsbezogene Angaben genügen. Parallel werden die Arbeitsanforderungen systematisch erfasst – durch Auswertung vorhandener Gefährdungsbeurteilungen, Arbeitsplatzbegehungen und die Analyse von Belastungsfaktoren wie Arbeitszeit, Arbeitsorganisation, Um-

gebungsbedingungen und psychischen Anforderungen. Im dritten Schritt werden beide Profile gegenübergestellt, um Stellen sichtbar zu machen, an denen Anforderungen und Leistungsbild nicht zusammenpassen.
Aus diesem Profilvergleich werden die wesentlichen Belastungsfaktoren priorisiert und Lösungsoptionen entlang typischer Interventionsfelder entwickelt:

- **Arbeitsaufgabe:** Aufgabenzuschnitt anpassen, Prioritäten setzen, Belastungsspitzen entschärfen.
- **Arbeitsorganisation:** Pausenregelungen, Schichtmodell, Planbarkeit und Vertretungsregelungen überprüfen.
- **Arbeitsplatz und Technik:** Ergonomie verbessern, Hilfsmittel bereitstellen, Umgebungsfaktoren anpassen.
- **Kompetenz:** Einarbeitung, Qualifizierung oder Training ermöglichen, um veränderte Anforderungen zu bewältigen.
- **Soziales Umfeld und Führung:** Kommunikationsregeln klären, bei Bedarf Konflikte bearbeiten.
- **Externe Leistungen:** Rehabilitation, stufenweise Wiedereingliederung oder Unterstützung durch Rehabilitationsträger und Integrationsamt einbeziehen.

Für jede identifizierte Anpassungsstelle werden mehrere Lösungswege formuliert. Ergebnis ist eine belastbare Übersicht plausibler Maßnahmenoptionen; Auswahl und Vereinbarung erfolgen gemeinsam mit der betroffenen Person im nächsten Verfahrensschritt.

70. Wann und wie müssen Rehabilitationsträger bzw. das Integrationsamt im BEM hinzugezogen werden?

Rehabilitationsträger und das Integrationsamt sind im BEM hinzuzuziehen, sobald aus der Situationsanalyse erkennbar wird, dass Leistungen zur Teilhabe am Arbeitsleben oder begleitende Hilfen die Beschäftigungssicherung realistisch unterstützen können. Das ergibt sich aus § 167 Abs. 2 Satz 5 SGB IX. Typische Anlässe sind etwa technische Hilfen oder Arbeitsplatzanpassungen, berufliche Qualifizierung, Arbeitsassistenz oder die Einbindung des Integrationsfachdienstes. Bei schwerbehinderten oder

gleichgestellten Beschäftigten kommt dem Integrationsamt eine besondere Rolle zu.
Die Einbeziehung externer Stellen setzt stets die Zustimmung der betroffenen Person voraus. Weitergegeben werden nur die für die Leistungsklärung erforderlichen arbeitsbezogenen Informationen zum Leistungsbild und Anforderungsprofil, keine Diagnosen. Der Arbeitgeber wählt den zuständigen Rehabilitationsträger – etwa die Rentenversicherung, die Agentur für Arbeit, die Unfallversicherung oder die Krankenkasse – und unterstützt die Antragstellung. Dabei ist auf eine zügige Bearbeitung hinzuwirken; das Sozialgesetzbuch sieht für die Zuständigkeitsklärung und Weiterleitung unter den Trägern eine Frist von zwei Wochen vor.
Leistungen der externen Stellen und betriebliche Maßnahmen müssen aufeinander abgestimmt werden, damit Bewilligung und Umsetzung zusammenpassen. Lehnt die betroffene Person die Einbeziehung externer Stellen ab, ist dies zu respektieren; dokumentiert wird lediglich, dass die Möglichkeit besprochen und die Entscheidung der betroffenen Person festgehalten wurde. Betriebs- oder Personalrat überwachen, dass der Arbeitgeber bei erkennbarem Bedarf aktiv auf externe Unterstützung hinwirkt und die betroffene Person über die verfügbaren Leistungen verständlich informiert wird.

71. Welche Maßnahmen werden typischerweise im BEM vereinbart werden?

Typische BEM-Maßnahmen sind keine Standardpakete, sondern individuelle Anpassungen, die aus dem Abgleich von Leistungsbild und Arbeitsplatzanforderungen abgeleitet werden. In der Praxis lassen sie sich in wiederkehrende Kategorien ordnen:

Arbeitszeit und Belastungssteuerung:

- Stufenweise Wiedereingliederung (»Hamburger Modell«), gegebenenfalls mit Anpassung der Stufen und Zeiten.
- Vorübergehende Reduzierung von Arbeitszeit, feste Pausen- und Erholungsfenster, Vermeidung von Überstunden.
- Anpassung von Schichtplänen (z. B. keine Nacht- oder Wechselschicht), planbare Dienste, Entzerrung von Belastungsspitzen.

Arbeitsplatz und Arbeitsumgebung:
- Ergonomische Anpassungen (Stuhl, Tisch, Bildschirm, Hebe- und Tragehilfen, Stehhilfen).
- Technische Hilfsmittel und Assistenztechnik, ggf. barrierefreie Ausstattung.
- Lärm-, Licht-, Klima- oder Reizreduktion; Arbeitsplatzwechsel innerhalb des Bereichs.

Arbeitsorganisation und Aufgaben:
- Veränderter Aufgabenmix, Wegfall besonders belastender Tätigkeiten, Rotationsmodelle.
- Anpassung von Taktung, Zielvorgaben und Prioritäten; klare Vertretungsregelungen.
- Qualifizierte Einarbeitung nach längerer Arbeitsunfähigkeit, Rückkehrplan, abgestufte Verantwortungsübernahme.

Qualifizierung und alternativer Einsatz:
- Fortbildung oder Umschulung, Training arbeitsbezogener Kompetenzen, Arbeitserprobung.
- Umsetzung auf einen leidensgerechten Arbeitsplatz, gegebenenfalls befristeter Einsatz zum Testen.

Medizinisch-rehabilitative Schnittstellen:
- Einbindung Betriebsarzt (Belastungs- und Einsatzprofil), Reha-Leistungen, Hilfen zur Teilhabe am Arbeitsleben.
- Unterstützung bei Anträgen bei Reha-Trägern oder Integrationsamt; Integrationsfachdienst, Arbeitsassistenz.

Soziales und Führung:
- Klärung von Schnittstellen und Teamkonflikten, Kommunikationsregeln, feste Feedbacktermine.
- Anpassungen bei Führung und Zusammenarbeit (z. B. klare Aufgabenabgrenzung, Schutz vor Überlastung).

Alle Maßnahmen sollten konkret, überprüfbar und mit Zuständigkeiten sowie einem Zeithorizont hinterlegt sein. Betriebs- oder Personalrat achten darauf, dass der Maßnahmenplan gemeinsam mit der betroffenen Person vereinbart wird und dass die Umsetzung verbindlich nachverfolgt wird.

72. Wann ist das »Hamburger Modell« eine geeignete Maßnahme?

Die stufenweise Wiedereingliederung nach dem sogenannten Hamburger Modell ist geeignet, wenn nach längerer oder schwerer Erkrankung eine Rückkehr an den Arbeitsplatz grundsätzlich möglich ist, die volle Belastung aber noch nicht stabil erreicht wird. Die betroffene Person bleibt während der Wiedereingliederung formal arbeitsunfähig und kehrt schrittweise in die Arbeit zurück, wobei Arbeitszeit und Belastung nach einem ärztlich abgestimmten Stufenplan allmählich gesteigert werden.

Geeignet ist das Modell insbesondere, wenn folgende Voraussetzungen erfüllt sind:

- **Ärztliche Freigabe und Stufenplan:** Der behandelnde Arzt hat festgestellt, dass eine teilweise Arbeitsaufnahme möglich und therapeutisch sinnvoll ist, und es liegt ein konkreter Plan mit Startumfang, Steigerungsschritten, Dauer und Tätigkeitsbeschreibung vor.
- **Passung von Anforderungen und Leistungsbild:** Der vorgesehene Arbeitsplatz ist vorhanden und lässt sich so anpassen, dass Anforderungen und Leistungsbild zusammenpassen. Arbeitgeber und betroffene Person stimmen der Durchführung zu.
- **Begleitung und finanzielle Absicherung:** Ein engmaschiges Monitoring mit regelmäßigen Rückmeldungen ist vorgesehen, damit die Stufen bei Überlastung angepasst werden können. Die finanzielle Absicherung über Krankengeld, Verletztengeld oder Übergangsgeld ist für die Dauer der Wiedereingliederung geklärt.

Weniger geeignet ist das Modell, wenn die Arbeitsfähigkeit noch nicht belastbar ist und keine ärztliche Freigabe vorliegt, wenn keine realistische Anpassung der Arbeitsbedingungen möglich ist oder wenn die Wiedereingliederung nicht als therapeutische Maßnahme, sondern als Druckmittel eingesetzt werden soll. Betriebs- oder Personalrat behalten im Blick, dass der Stufenplan mit der betroffenen Person abgestimmt ist und bei Bedarf flexibel angepasst werden kann.

73. Wie kann eine stufenweise Wiedereingliederung (Hamburger Modell) rechtssicher gestaltet werden, wenn die betroffene Person überwiegend im Homeoffice arbeitet?

Die stufenweise Wiedereingliederung kann grundsätzlich auch im Homeoffice stattfinden, wenn die Tätigkeit dafür geeignet ist, der behandelnde Arzt dies im Stufenplan vorsieht und der Arbeitgeber zustimmt. Der Arbeitsort ist für die Krankengeldzahlung unerheblich, solange die Wiedereingliederung ärztlich verordnet ist und begleitet wird. Entscheidend ist, dass der Plan die konkreten Arbeitszeiten, Tätigkeiten und Steigerungsschritte unabhängig vom Arbeitsort abbildet.

Bei der Planung empfiehlt es sich, die Belastung schrittweise zu steigern – zunächst die tägliche Arbeitszeit erhöhen, bevor die Zahl der Arbeitstage pro Woche ausgeweitet wird. Besondere Aufmerksamkeit verdient die Gefahr sozialer Isolation: Wer während einer ohnehin belastenden Rückkehrphase ausschließlich im Homeoffice arbeitet, verliert leicht den Anschluss an das Team. Soweit medizinisch vertretbar, sollten daher feste Präsenztage eingeplant, regelmäßige virtuelle Abstimmungen vorgesehen und eine Ansprechperson im Team benannt werden, die den informellen Kontakt sicherstellt.

Betriebs- oder Personalrat sollten darauf hinwirken, dass hybride Stufenpläne im BEM aktiv angesprochen und die Homeoffice-Phasen im Maßnahmenplan konkret dokumentiert werden. Die Wirksamkeit der vereinbarten Schritte sollte in kurzen Abständen gemeinsam mit der betroffenen Person überprüft und bei Bedarf angepasst werden.

74. Braucht man einen schriftlichen Eingliederungsplan?

Einen gesetzlich vorgeschriebenen Eingliederungsplan gibt es nicht. § 167 Abs. 2 SGB IX schreibt keine bestimmte Dokumentationsform vor. In der Praxis ist ein schriftlicher Plan dennoch sinnvoll, weil er dem Verfahren Verbindlichkeit, Transparenz und Nachprüfbarkeit gibt.

Ein schriftlicher Plan stellt sicher, dass alle Beteiligten dasselbe Verständnis davon haben, welche Maßnahmen umgesetzt werden sollen, wer zu-

ständig ist und bis wann Ergebnisse vorliegen. Nur mit klaren Zielen und festgelegten Prüfzeitpunkten lässt sich die Wirksamkeit der Maßnahmen bewerten und bei Bedarf nachsteuern. Im Streitfall kann der Arbeitgeber zudem nachweisen, dass strukturiert nach Lösungen gesucht wurde, ohne dabei Gesundheitsdetails offenlegen zu müssen.
Der Plan sollte kurz und datensparsam gehalten sein:

- **Inhalt:** Vereinbarte Maßnahmen, Verantwortliche, Beginn und vorgesehenes Ende, benötigte Ressourcen, Erfolgskriterien und Termin zur Wirksamkeitsprüfung. Diagnosen und sensible Gesundheitsdetails gehören nicht hinein.
- **Ablage und Zugriff:** Der Plan wird in der BEM-Dokumentation geführt, getrennt von der Personalakte, mit Zugriff nur für die am Verfahren beteiligten Personen.
- **Fortschreibung:** Änderungen werden mit Datum dokumentiert, damit der Verlauf nachvollziehbar bleibt.

Betriebs- oder Personalrat kontrollieren, dass im Betrieb ein einheitliches Planformat vereinbart wird und dass vereinbarte Maßnahmen tatsächlich umgesetzt und nachverfolgt werden.

75. Ist der Arbeitgeber verpflichtet, im BEM vereinbarte Maßnahmen umzusetzen?

Werden im BEM von den beteiligten Personen und Stellen Maßnahmen als sinnvoll vereinbart, ist der Arbeitgeber grundsätzlich verpflichtet, diese auch umzusetzen oder zumindest ernsthaft und zeitnah in die Umsetzung zu bringen. Das begründet keinen Anspruch auf ein bestimmtes Ergebnis, wohl aber eine klare Handlungspflicht, die sich aus dem Sinn des BEM und dem Grundsatz der Verhältnismäßigkeit ergibt.
Unterbleibt die Umsetzung, trifft den Arbeitgeber nach der Rechtsprechung des Bundesarbeitsgerichts eine erhöhte Darlegungs- und Beweislast. Er muss im Einzelnen und konkret darlegen, warum die vereinbarte Maßnahme trotz Empfehlung tatsächlich, organisatorisch oder rechtlich nicht durchführbar war – etwa wegen fehlender geeigneter Arbeitsplätze, zwingender betrieblicher Gründe oder unüberwindbarer Sicherheitsanforderungen. Alternativ muss er nachweisen, dass die Maßnahme objektiv nicht geeignet gewesen wäre, weitere Arbeitsunfähigkeitszeiten zu vermei-

den oder die Beschäftigung zu sichern. Pauschale Begründungen genügen nicht; je konkreter die Maßnahme im BEM ausgearbeitet wurde, desto konkreter muss auch die Begründung für ihre Nichtumsetzung sein.
Hängt die Umsetzung von der Zustimmung Dritter oder von Leistungen der Rehabilitationsträger ab, ist der Arbeitgeber verpflichtet, die erforderlichen Schritte anzustoßen und zu koordinieren. Scheitert die Maßnahme dennoch, muss dies nachvollziehbar dokumentiert werden. Betriebs- oder Personalrat achten darauf, dass vereinbarte Maßnahmen nicht im Sande verlaufen und dass der Arbeitgeber Verzögerungen oder Hindernisse frühzeitig kommuniziert und begründet.

76. Darf der Mitarbeiter vorgeschlagene Maßnahmen ablehnen?

Der Beschäftigte darf vorgeschlagene Maßnahmen ablehnen. Das BEM beruht auf Freiwilligkeit, und niemand kann zu bestimmten Änderungen, Untersuchungen oder externen Verfahren gezwungen werden. Wichtig ist dabei: Die Ablehnung einer einzelnen Maßnahme bedeutet nicht die Ablehnung des gesamten BEM. Das Verfahren kann mit anderen Optionen fortgesetzt werden. Die betroffene Person kann Gründe für ihre Entscheidung nennen, ist dazu aber nicht verpflichtet.
Ohne Mitwirkung sind die Gestaltungsmöglichkeiten allerdings begrenzt. Wer alle realistischen Anpassungen ablehnt, verringert die Chance, die Arbeitsfähigkeit nachhaltig zu stabilisieren. Wird später über eine krankheitsbedingte Kündigung gestritten, kann eine umfassende Ablehnung die Position der betroffenen Person schwächen, weil Alternativen dann schwerer nachweisbar sind. Das rechtfertigt jedoch weder Druck noch Zwang – die Freiwilligkeit bleibt in jeder Phase des Verfahrens gewahrt.
Bei einer Ablehnung ist die Entscheidung zu akzeptieren und nach Alternativen zu suchen, etwa einer anderen Arbeitszeitgestaltung, einem anderen Arbeitsplatz, technischen Hilfen oder einer Qualifizierung. Dokumentiert wird lediglich, welche Maßnahme abgelehnt wurde und dass Alternativen geprüft werden – ohne Gründe und ohne Gesundheitsdetails.
Betriebs- oder Personalrat stellen sicher, dass die betroffene Person über die Bedeutung ihrer Entscheidung informiert wird, ohne dass daraus Erwartungsdruck entsteht.

77. Was passiert, wenn keine geeigneten Maßnahmen gefunden werden?

Werden im BEM zunächst keine geeigneten Maßnahmen gefunden, bedeutet das nicht, dass das Verfahren beendet ist. Zunächst ist zu prüfen, ob die Grundlagen der Situationsanalyse ausreichen: Ist das Anforderungsprofil des Arbeitsplatzes hinreichend klar, ist das Leistungsbild konkret genug und wurden alle relevanten Belastungsfaktoren erfasst? Gegebenenfalls muss die Analyse vertieft werden – etwa durch eine Arbeitsplatzbegehung, die Einbindung des Betriebsarztes oder der Fachkraft für Arbeitssicherheit oder durch Hinzuziehung externer Stellen wie Rehabilitationsträger, Integrationsamt oder Integrationsfachdienst. Auch ein Arbeitsversuch oder eine stufenweise Wiedereingliederung kann als Erkenntnisinstrument dienen, um neue Ansatzpunkte zu gewinnen.
Erst wenn danach keine ernsthaft weiterzuverfolgenden Ansätze mehr erkennbar sind, wird das BEM beendet. Nach der Rechtsprechung des Bundesarbeitsgerichts ist der Suchprozess abgeschlossen, wenn Arbeitgeber und betroffene Person übereinstimmend davon ausgehen, dass er durchgeführt ist oder nicht weitergeführt werden soll. Der Arbeitgeber kann das Verfahren nicht einseitig beenden. Sieht er keine Ansätze mehr, muss er der betroffenen Person und den beteiligten Stellen Gelegenheit geben, innerhalb einer angemessenen Frist weitere Möglichkeiten zu benennen. Erst wenn auch von dieser Seite keine Ansätze aufgezeigt werden, gilt das BEM als abgeschlossen.
Dokumentiert wird knapp und datensparsam: dass der Suchprozess ausgeschöpft wurde, keine geeigneten Maßnahmen gefunden werden konnten und welche Frist gesetzt wurde. Bei erneuter Arbeitsunfähigkeit kann das Verfahren später wieder neu gestartet werden. Betriebs- oder Personalrat sorgen dafür, dass ein BEM nicht vorschnell für beendet erklärt wird und dass alle realistischen Möglichkeiten tatsächlich geprüft wurden.

78. Wer überwacht die Umsetzung der BEM-Maßnahmen?

Die Überwachung der Umsetzung von BEM-Maßnahmen liegt organisatorisch beim Arbeitgeber. In der Praxis wird sie meist einer BEM-Koordi-

nationsstelle oder einer benannten Begleitperson übertragen, die den betroffenen Beschäftigten während der gesamten Umsetzungsphase als feste Ansprechperson zur Seite steht. Diese Person koordiniert Termine, holt Rückmeldungen ein und stellt sicher, dass Zusagen eingehalten werden.
Die Überwachung sollte klar strukturiert sein:

- **Zuständigkeit und Fristen:** Eine Person ist verantwortlich für die Koordination der Umsetzung, erinnert an vereinbarte Fristen und sammelt Rückmeldungen der Beteiligten.
- **Wirksamkeitsprüfung:** Nach festgelegten Zeitpunkten wird geprüft, ob die Maßnahmen die gewünschte Wirkung zeigen – etwa ob Belastungen tatsächlich reduziert wurden und ob die Arbeitsfähigkeit stabil ist. Dokumentiert wird der Umsetzungsstand, nicht Gesundheitsdetails.
- **Anpassung bei Bedarf:** Erweisen sich Maßnahmen als nicht wirksam, werden sie verändert, ergänzt oder ersetzt. Der Maßnahmenplan wird entsprechend fortgeschrieben.

Eine ausdrückliche gesetzliche Vorschrift zur Wirksamkeitskontrolle im BEM gibt es – anders als im Arbeitsschutz nach § 3 Abs. 1 Satz 2 ArbSchG – nicht. Dennoch ist eine Kontrolle faktisch und rechtlich erforderlich, weil ohne sie die Ziele des BEM – Arbeitsunfähigkeit überwinden, Rückfällen vorbeugen, das Arbeitsverhältnis sichern – nicht erreichbar wären. Betriebs- oder Personalrat achten darauf, dass feste Prüfzeitpunkte vereinbart werden und dass die Ergebnisse der Wirksamkeitsprüfung in die weitere Maßnahmenplanung einfließen.

79. Kann der Arbeitgeber eine medizinische Untersuchung im BEM verlangen?

Im BEM kann der Arbeitgeber keine medizinische Untersuchung anordnen. Das Verfahren ist freiwillig, und ohne Zustimmung der betroffenen Person dürfen weder Untersuchungen durchgeführt noch medizinische Informationen weitergegeben werden. Das BEM dient nicht der Diagnoseklärung, sondern der Ermittlung arbeitsbezogener Einschränkungen und passender Maßnahmen.
Zulässig ist es, der betroffenen Person eine Untersuchung oder eine betriebsärztliche Einschätzung anzubieten, wenn dies für ein belastbares Leistungs- und Belastungsprofil hilfreich ist. Die Entscheidung liegt allein

bei der betroffenen Person. Der Betriebsarzt kann Einschränkungen und Einsatzmöglichkeiten arbeitsbezogen beurteilen und dem Arbeitgeber funktionsbezogene Empfehlungen geben – etwa zur Einsatzfähigkeit mit oder ohne Einschränkungen. Diagnosen werden dabei nicht übermittelt. Außerhalb des BEM kann der Arbeitgeber eine ärztliche Untersuchung im Einzelfall verlangen, wenn sie erforderlich und verhältnismäßig ist, um die Einsatzfähigkeit für die geschuldete Tätigkeit zu klären – etwa bei sicherheitsrelevanten Tätigkeiten oder begründeten Zweifeln an der Eignung. Diese arbeitsrechtliche Befugnis ist strikt vom BEM-Verfahren zu trennen.

Verweigert die betroffene Person eine solche Untersuchung im BEM, bleibt das ohne Nachteile; es stehen dann lediglich weniger Ansatzpunkte für Maßnahmen zur Verfügung. Betriebs- oder Personalrat stellen klar, dass die Abgrenzung zwischen freiwilliger BEM-Mitwirkung und arbeitsrechtlicher Untersuchungspflicht klar kommuniziert wird und kein Druck über das BEM aufgebaut wird.

80. Wer trägt die Kosten der BEM-Maßnahmen?

Die Kosten für betriebliche Maßnahmen zur Anpassung von Arbeit und Arbeitsplatz trägt grundsätzlich der Arbeitgeber. Das BEM ist Teil der gesetzlichen Pflicht zur Prävention und zur Sicherung des Arbeitsverhältnisses. Dazu gehören die Organisation und Durchführung des Verfahrens, Arbeitsplatz- und Arbeitsorganisationsanpassungen, interne Qualifizierungen und Einarbeitungen sowie die betriebliche Umsetzung einer stufenweisen Wiedereingliederung. Diese Aufwände dürfen nicht auf die betroffene Person abgewälzt werden.

Kommen Leistungen zur Teilhabe am Arbeitsleben oder begleitende Hilfen in Betracht, werden je nach Zuständigkeit die Rehabilitationsträger eingebunden – etwa Rentenversicherung, Agentur für Arbeit, Unfallversicherung oder Krankenkasse. Bei schwerbehinderten oder gleichgestellten Beschäftigten kann zusätzlich das Integrationsamt finanzielle Hilfen gewähren, beispielsweise für technische Arbeitshilfen, Arbeitsplatzanpassungen, Qualifizierungen oder Arbeitsassistenz. Diese externen Fördermöglichkeiten erweitern den Lösungsraum erheblich und sollten im BEM frühzeitig angesprochen werden.

Der Arbeitgeber darf die Umsetzung vereinbarter Maßnahmen nicht mit dem Hinweis hinauszögern, er warte zunächst auf externe Kostenträger. Er ist verpflichtet, eigene betriebliche Möglichkeiten parallel auszuschöpfen und Anträge bei externen Stellen aktiv zu unterstützen.

81. Wie wird der Erfolg der BEM-Maßnahmen überprüft und sollte nach Abschluss des BEM ein Folgetermin vereinbart werden?

Die Wirksamkeit von BEM-Maßnahmen lässt sich nur beurteilen, wenn vorab festgelegt wird, woran der Erfolg erkennbar sein soll, wann geprüft wird und wer die Rückmeldungen zusammenführt. Geeignete Erfolgskriterien sind arbeitsbezogen und überprüfbar: etwa eine stabile Anwesenheit, kürzere oder seltenere Arbeitsunfähigkeitsphasen, eine belastbare Arbeitszeit oder die sichere Bewältigung der vereinbarten Aufgaben.
Die Wirksamkeitsprüfung sollte in festen Abständen erfolgen – eine erste Einschätzung nach wenigen Wochen, eine vertiefte Prüfung nach etwa zwei bis drei Monaten und gegebenenfalls eine weitere nach Abschluss einer stufenweisen Wiedereingliederung. Rückmeldungen kommen in erster Linie von der betroffenen Person selbst, ergänzend von der Führungskraft zu organisatorischen Aspekten und bei Bedarf vom Betriebsarzt. Erweisen sich Maßnahmen als nicht ausreichend wirksam, werden sie angepasst, ergänzt oder ersetzt. Dokumentiert werden Umsetzungsstand, Wirkung und Anpassungen – datensparsam und in der gesonderten BEM-Akte.
Ein Folgetermin nach Abschluss des BEM ist sinnvoll, wenn Maßnahmen neu eingeführt wurden und ihre langfristige Wirksamkeit noch offen ist, wenn die Rückkehr über eine stufenweise Wiedereingliederung erfolgte oder wenn ein fragiles Leistungsbild eine erhöhte Rückfallgefahr nahelegt. Bei klar erfolgreicher und stabiler Wiedereingliederung kann auf einen Folgetermin verzichtet werden. Betriebs- oder Personalrat achten darauf, dass Folgetermine dem Suchprozess dienen und nicht zu einer verdeckten Daueruberwachung werden.

82. Wie lässt sich die Wirksamkeit des BEM mit digitalen Kennzahlen messen, ohne Verhaltenskontrolle zu etablieren?

Die Wirksamkeit des BEM lässt sich auf Betriebsebene mit anonymisierten, aggregierten Kennzahlen messen, ohne dass individuelle Verhaltenskontrolle entsteht. Aussagekräftig sind insbesondere die Angebotsquote – also der Anteil der berechtigten Beschäftigten, die tatsächlich ein BEM-Angebot erhalten –, die Teilnahmequote, die Maßnahmenquote, die Rückkehrquote nach erfolgreicher Wiedereingliederung sowie die Verfahrensdauer zwischen Schwellenüberschreitung und Einladung. Erhebungen zeigen, dass die Angebotsquoten in der Praxis erheblich schwanken; Betriebe mit Interessenvertretung schneiden dabei deutlich besser ab als solche ohne. Solche Vergleichswerte helfen, das eigene BEM einzuordnen und Verbesserungsbedarf zu erkennen.

Die Grenze zur Verhaltenskontrolle verläuft dort, wo Rückschlüsse auf einzelne Beschäftigte möglich werden. Auswertungen dürfen deshalb nur anonymisiert und mit einer ausreichenden Gruppengröße pro Organisationseinheit erfolgen, damit die Anonymisierung tatsächlich gewährleistet ist. Für die Einführung und Konfiguration entsprechender Auswertungssysteme hat der Betriebsrat nach § 87 Abs. 1 Nr. 6 BetrVG ein zwingendes Mitbestimmungsrecht; im öffentlichen Dienst gelten die entsprechenden Beteiligungsrechte nach dem jeweils anwendbaren Personalvertretungsrecht.

In der Betriebs- oder Dienstvereinbarung sollte konkret geregelt werden, welche Kennzahlen erhoben werden dürfen, wer Zugriff auf die Auswertungen erhält, welche Löschfristen gelten und dass die Daten ausschließlich zur Qualitätssicherung des BEM-Verfahrens verwendet werden. Betriebs- oder Personalrat achten darauf, dass die Kennzahlen der Verfahrensverbesserung dienen und nicht zur Steuerung individueller Personalentscheidungen zweckentfremdet werden.

83. Wie lange darf sich ein BEM-Prozess erstrecken?

Es gibt keine gesetzliche Maximaldauer für ein BEM. § 167 Abs. 2 SGB IX schreibt keine Frist vor, innerhalb derer das Verfahren abgeschlossen sein muss. Ein BEM darf so lange laufen, wie es erkennbar sinnvoll be-

trieben wird – muss aber zugleich zügig, zielgerichtet und datensparsam organisiert sein.
In der Praxis empfiehlt es sich, nach dem Erstgespräch einen Zeitplan mit Meilensteinen zu vereinbaren: Situationsanalyse, Maßnahmenfindung, Umsetzung und Termine zur Wirksamkeitsprüfung. Wenn externe Leistungen wie Rehabilitation, Arbeitsplatzanpassungen durch das Integrationsamt oder eine stufenweise Wiedereingliederung laufen, kann sich das Verfahren über Wochen oder Monate erstrecken. Entscheidend ist, dass Zwischenschritte dokumentiert und regelmäßig überprüft werden. Sobald keine weiteren realistischen Ansatzpunkte bestehen oder die betroffene Person die Fortführung nicht mehr wünscht, wird das BEM abgeschlossen. Bei erneuter Arbeitsunfähigkeit, die die Sechs-Wochen-Schwelle erreicht, muss der Arbeitgeber zu einem späteren Zeitpunkt erneut ein BEM anbieten.
Betriebs- oder Personalrat wirken darauf hin, dass das Verfahren weder verschleppt noch vorschnell für beendet erklärt wird. In der Betriebs- oder Dienstvereinbarung kann eine Orientierungsfrist vereinbart werden, nach deren Ablauf die Beteiligten den Stand des Verfahrens gemeinsam bewerten und über die weitere Vorgehensweise entscheiden.

84. Wann ist ein BEM-Verfahren abgeschlossen?

Ein BEM ist abgeschlossen, wenn es nicht mehr weitergeführt werden kann oder soll. Maßgeblich ist der Grundsatz der Freiwilligkeit: Jede Verfahrensstufe setzt die Zustimmung der betroffenen Person voraus.
Das BEM endet insbesondere, wenn die betroffene Person:

- auf eine ordnungsgemäße Einladung und ein Folgeschreiben nicht reagiert,
- nach ordnungsgemäßer Aufklärung im Erstgespräch die Durchführung ablehnt, oder
- ihre Zustimmung im Verlauf des Verfahrens verweigert oder eine bereits erteilte Zustimmung für die Zukunft widerruft.

Darüber hinaus kann ein BEM auch inhaltlich enden. Sieht der Arbeitgeber keine zielführenden Ansätze mehr, ist das Verfahren nach der Rechtsprechung des Bundesarbeitsgerichts erst dann als abgeschlossen anzusehen, wenn auch der betroffenen Person und den übrigen beteiligten Stellen

Gelegenheit gegeben wurde, innerhalb einer angemessenen Frist weitere Vorschläge einzubringen, und keine ernsthaft weiterzuverfolgenden Ansätze benannt werden.
Schließlich endet das BEM, wenn Arbeitgeber und betroffene Person übereinstimmend davon ausgehen, dass der Suchprozess abgeschlossen ist – typischerweise nach erfolgreicher Wiedereingliederung oder nach nachvollziehbarer Ausschöpfung aller realistischen Möglichkeiten. Betriebs- oder Personalrat achten darauf, dass ein BEM nicht vorschnell für beendet erklärt wird und dass insbesondere die Fristsetzung zur Einbringung weiterer Vorschläge tatsächlich erfolgt und angemessen bemessen ist.

85. Muss der Abschluss des BEM schriftlich dokumentiert werden?

Eine gesetzliche Pflicht zu einer bestimmten Abschlussdokumentation gibt es nicht. Dennoch sollte der Abschluss des BEM schriftlich festgehalten werden – kurz, datensparsam und in der gesonderten BEM-Akte. Ohne einen Abschlussvermerk ist später oft unklar, ob das Verfahren noch läuft, ob es von der betroffenen Person beendet wurde oder ob der Suchprozess tatsächlich ausgeschöpft war.
Dokumentiert werden sollte der Abschlussgrund – etwa eine erfolgreiche Wiedereingliederung, die Ausschöpfung des Suchprozesses, eine Ablehnung oder ein Widerruf durch die betroffene Person –, das Datum des Abschlusses sowie ein knapper Hinweis, ob und welche Maßnahmen über das BEM hinaus fortgeführt werden. Dabei sind ausschließlich arbeitsorganisatorische Angaben festzuhalten; Diagnosen, ärztliche Berichte, sensible Gesprächsinhalte und bewertende Aussagen über das Verhalten der betroffenen Person gehören nicht in den Abschlussvermerk. Ergänzend sollte auf die geltenden Aufbewahrungs- und Löschregelungen verwiesen werden, damit die weitere Handhabung der Unterlagen für alle Beteiligten klar ist.
Betriebs- oder Personalrat stellen sicher, dass jedes BEM-Verfahren mit einem nachvollziehbaren Abschlussvermerk endet und dass die Dokumentation weder inhaltlich überfrachtet noch so knappgehalten wird, dass der Verfahrensverlauf später nicht mehr nachvollzogen werden kann.

86. Was ist zu tun, wenn ein Mitarbeiter während des BEM erneut länger erkrankt?

Wenn während eines laufenden BEM erneut eine längere Arbeitsunfähigkeit auftritt, wird kein zweites Verfahren parallel eröffnet. Nach der Rechtsprechung des Bundesarbeitsgerichts reicht es aus, die neuen Arbeitsunfähigkeitszeiten und mögliche Veränderungen der Ursachen oder der betrieblichen Verhältnisse in das bereits laufende Verfahren einzubeziehen. Ein eigenständiges neues BEM wird erst erforderlich, wenn das vorherige bereits abgeschlossen war.

In der Praxis bedeutet das, dass das laufende Verfahren offengehalten und der aktuelle Status erfasst wird. Ein Kontakt zur betroffenen Person sollte ohne Druck erfolgen – mit dem Hinweis, dass das BEM weitergeführt werden kann und ein Gesprächstermin vereinbart wird, sobald die Person dazu in der Lage ist. Sobald das Verfahren fortgesetzt werden kann, wird die Situationsanalyse aktualisiert: Das Leistungsbild wird neu erhoben, die Arbeitsplatzanforderungen werden überprüft und veränderte Belastungsfaktoren identifiziert. Bereits geplante Maßnahmen werden auf ihre Passung geprüft und bei Bedarf angepasst – etwa indem eine laufende Wiedereingliederung pausiert oder neu getaktet, der Aufgabenzuschnitt verändert oder die Arbeitszeitgestaltung angepasst wird. Wenn Leistungen zur Teilhabe oder begleitende Hilfen in Betracht kommen, werden mit Einwilligung der betroffenen Person Rehabilitationsträger oder das Integrationsamt eingebunden.

Betriebs- oder Personalrat achten darauf, dass eine erneute Erkrankung während des BEM nicht dazu führt, dass das Verfahren stillschweigend einschläft. Das laufende BEM sollte nachvollziehbar dokumentiert und zu einem geeigneten Zeitpunkt mit aktualisierter Grundlage fortgesetzt werden.

87. Welche typischen Fehler sollten im BEM-Verlauf vermieden werden?

Die häufigsten Fehler im BEM folgen einem wiederkehrenden Muster: falsches Timing, unklare Rollen, nachlässiger Datenschutz und ein Verfahren, das keinen ernsthaften Suchprozess erkennen lässt. Das rächt sich in der Praxis, weil keine tragfähigen Lösungen entstehen, und im Kündigungsschutzprozess, weil das Verfahren angreifbar wird. Die Fehler lassen sich drei Verfahrensphasen zuordnen:

Beim Einstieg in das Verfahren:

- Einladung ohne verständliche Aufklärung über Ziel, Freiwilligkeit, Datenschutz und mögliche Beteiligte; kein nachweisbarer Zugang, kein Nachfassen.
- Freiwilligkeit unterlaufen durch Erwartungsdruck, Vermischung mit Leistungs- oder Fehlzeitengesprächen oder einen zu großen Beteiligtenkreis im Erstgespräch.
- BEM-Unterlagen in der Personalakte, Diagnosefragen oder Weitergabe von Gesundheitsdaten an Vorgesetzte ohne Einwilligung.

Bei Analyse und Maßnahmenplanung:

- Kein belastbares Leistungsbild, keine Arbeitsplatz- und Anforderungsanalyse, kein Profilvergleich – Maßnahmen werden ohne fundierte Grundlage vereinbart.
- Vereinbarungen ohne klare Zuständigkeiten, Fristen und Ressourcen; kein Vorgehen für den Fall, dass die erste Maßnahme nicht greift.
- Rehabilitationsträger oder Integrationsamt werden trotz erkennbaren Bedarfs nicht einbezogen oder Anträge nicht aktiv unterstützt.

Bei Umsetzung und Abschluss:

- Vereinbarte Maßnahmen werden nicht umgesetzt, eine Wirksamkeitsprüfung findet nicht statt oder führt nicht zu Anpassungen.
- Der Arbeitgeber erklärt den Suchprozess einseitig für beendet, ohne den übrigen Beteiligten Gelegenheit zu weiteren Vorschlägen zu geben.
- Dokumentation entweder zu dünn für einen Nachweis oder überfrachtet mit Gesundheitsdetails und bewertenden Aussagen.

Betriebs- oder Personalrat können diesen Fehlerquellen entgegenwirken, indem sie auf verbindliche Verfahrensstandards in der Betriebs- oder Dienstvereinbarung drängen und deren Einhaltung in jedem Einzelfall begleiten.

F. BEM und Menschen mit Behinderung

88. Gibt es beim BEM besondere Regeln für schwerbehinderte Beschäftigte?

Das BEM gilt für alle Beschäftigten, unabhängig von einer Schwerbehinderung oder Gleichstellung. Bei schwerbehinderten und gleichgestellten Beschäftigten treten jedoch zusätzliche Schutz- und Unterstützungsstrukturen hinzu, die den Suchprozess prägen.
Die Schwerbehindertenvertretung ist bei diesem Personenkreis ein zentraler Akteur. Der Arbeitgeber muss sie frühzeitig darüber informieren, dass einem schwerbehinderten Beschäftigten ein BEM angeboten werden soll; ihre Mitwirkung im konkreten Verfahren hängt dann von der Zustimmung der betroffenen Person ab. Im Suchprozess selbst müssen behinderungsbedingte Einschränkungen konsequent in arbeitsbezogene Lösungen übersetzt werden. Im Hintergrund steht der gesetzliche Anspruch gemäß § 164 Abs. 4 SGB IX auf behinderungsgerechte Beschäftigung und angemessene Vorkehrungen – also die Anpassung von Arbeitsplatz, Arbeitsorganisation und Arbeitszeit, bevor über das Ende des Arbeitsverhältnisses nachgedacht wird. Integrationsamt, Integrationsfachdienste und Rehabilitationsträger sind dabei häufig der Schlüssel zu tragfähigen Lösungen, weil sie fachliche Expertise, finanzielle Förderung und eine neutrale Perspektive einbringen können.
Für den Arbeitgeber hat ein sorgfältig geführtes BEM bei schwerbehinderten Beschäftigten besondere strategische Bedeutung, weil ohne ernsthaften Suchprozess spätere arbeitsrechtliche Schritte deutlich angreifbarer werden. Betriebs- oder Personalrat und Schwerbehindertenvertretung wirken darauf hin, dass das Verfahren für diesen Personenkreis in Betriebs-, Dienst- oder Inklusionsvereinbarungen konkretisiert wird – mit

klaren Zuständigkeiten, definierten Schnittstellen zu externen Stellen und verbindlichen Datenschutzregeln.

89. Wann gilt ein Mensch als schwerbehindert, wann als gleichgestellt – und warum ist das im BEM relevant?

Schwerbehindert ist, wer einen Grad der Behinderung von mindestens 50 hat und dies durch einen Feststellungsbescheid der zuständigen Behörde nachweisen kann. Der Grad der Behinderung beschreibt die Auswirkungen einer Beeinträchtigung auf die Teilhabe am gesellschaftlichen Leben.
Gleichgestellt werden kann, wer einen Grad der Behinderung von 30 oder 40 hat und von der Agentur für Arbeit auf Antrag gleichgestellt wird, weil ohne diese Gleichstellung ein geeigneter Arbeitsplatz nicht erlangt oder nicht behalten werden kann. Die Gleichstellung ist arbeitsplatzbezogen und kann entfallen, wenn der Grund wegfällt. Im Arbeitsleben werden gleichgestellte Beschäftigte weitgehend wie schwerbehinderte Menschen behandelt, insbesondere hinsichtlich der Schutzmechanismen und der Unterstützung durch Integrationsamt und Rehabilitationsträger. Einzelne Nachteilsausgleiche, die an die Schwerbehinderteneigenschaft geknüpft sind, gelten für Gleichgestellte allerdings nicht.
Im BEM ist der Status relevant, weil bei schwerbehinderten und gleichgestellten Beschäftigten zusätzliche Beteiligte und Unterstützungsstrukturen hinzutreten. Die Schwerbehindertenvertretung wird frühzeitig informiert, Integrationsamt und Integrationsfachdienste kommen als Leistungspartner in Betracht, und der Suchprozess richtet sich stärker an behinderungsgerechter Beschäftigung und angemessenen Vorkehrungen aus. An der BEM-Pflicht selbst ändert der Status nichts – die Sechs-Wochen-Schwelle gilt für alle Beschäftigten unabhängig von einer Schwerbehinderung oder Gleichstellung.

90. Welche besondere Rolle hat die Schwerbehindertenvertretung im BEM und wann muss sie beteiligt werden?

Die Schwerbehindertenvertretung ist im BEM die gesetzliche Interessenvertretung schwerbehinderter und gleichgestellter Beschäftigter. Ihre Rolle verbindet zwei Funktionen, die im Verfahren zusammenwirken.

Schutzfunktion: Die Schwerbehindertenvertretung achtet darauf, dass das BEM freiwillig, datensparsam und fair verläuft, dass keine Diagnosen erfragt werden und dass behinderungsbedingte Einschränkungen nicht als persönliches Defizit, sondern als Anlass für behinderungsgerechte Anpassungen behandelt werden. Sie hält den Fokus auf angemessenen Vorkehrungen und dem Anspruch auf behinderungsgerechte Beschäftigung.

Lösungsfunktion: Die Schwerbehindertenvertretung unterstützt dabei, das Leistungsbild in konkrete betriebliche Maßnahmen zu übersetzen – bei Arbeitsplatz, Arbeitsorganisation, Arbeitszeit, Hilfsmitteln oder Qualifizierung. Sie kennt die Förder- und Unterstützungsleistungen und kann die Einbindung von Integrationsamt, Integrationsfachdiensten und Rehabilitationsträgern fachlich und organisatorisch begleiten.

Beteiligung im Verfahren: Bei schwerbehinderten oder gleichgestellten Beschäftigten gehört die Schwerbehindertenvertretung zum gesetzlich vorgesehenen Beteiligtenkreis. Der Arbeitgeber muss ihre mögliche Beteiligung im Einladungsschreiben benennen und organisatorisch ermöglichen. Die tatsächliche Teilnahme im konkreten Verfahren setzt jedoch die Zustimmung der betroffenen Person voraus; ohne diese Zustimmung erhält die Schwerbehindertenvertretung weder Zugang zu den Gesprächen noch zu BEM-Informationen. Unterbleibt die Möglichkeit der Beteiligung ohne tragfähigen Grund, schwächt das die Verfahrensqualität und kann dem Arbeitgeber in späteren arbeitsrechtlichen Auseinandersetzungen zum Nachteil gereichen.

Betriebs- oder Personalrat und Schwerbehindertenvertretung stimmen sich im BEM eng ab, um ihre jeweiligen Kompetenzen für die betroffene Person wirksam einzubringen.

91. Welche zusätzlichen Rechte haben schwerbehinderte Beschäftigte im BEM?

Schwerbehinderte und gleichgestellte Beschäftigte durchlaufen kein eigenes BEM-Verfahren, verfügen aber über zusätzliche Schutz- und Teilhaberechte, die den Suchprozess inhaltlich prägen. Im Mittelpunkt steht der Anspruch auf behinderungsgerechte Beschäftigung: Behinderungsbedingte Einschränkungen sind in Anpassungen von Arbeitsplatz, Arbeitsorganisation, Arbeitszeit und technischer Ausstattung zu übersetzen. Der Arbeitgeber muss angemessene Vorkehrungen treffen, bevor über das Ende des Arbeitsverhältnisses nachgedacht wird.

Ein in der Praxis häufig übersehenes Recht betrifft die berufliche Qualifizierung. Schwerbehinderte Beschäftigte sind bei innerbetrieblichen Maßnahmen der beruflichen Bildung bevorzugt zu berücksichtigen (§ 164 Abs. 4 Nr. 2 SGB IX). Im BEM kann dieses Recht gezielt genutzt werden, wenn eine Qualifizierung oder Einarbeitung die Beschäftigungsfähigkeit sichern oder einen Wechsel auf einen geeigneteren Arbeitsplatz ermöglichen kann. Ergänzend stehen Integrationsamt und Integrationsfachdienste als externe Unterstützung bereit: Sie beraten zu Fördermöglichkeiten, können finanzielle Leistungen zur Arbeitsplatzausstattung gewähren und mit ihrem technischen Beratungsdienst bei der behinderungsgerechten Gestaltung helfen.

Der besondere Kündigungsschutz über das Integrationsamt unterstreicht die Bedeutung eines sorgfältig geführten BEM: Ohne ernsthaften Suchprozess und die Prüfung aller realistischen Alternativen wird eine spätere Kündigung deutlich angreifbarer. Betriebs- oder Personalrat und Schwerbehindertenvertretung achten darauf, dass die zusätzlichen Rechte im BEM-Verfahren nicht nur formal erwähnt, sondern in der Maßnahmenplanung tatsächlich berücksichtigt werden.

92. Welche Pflichten hat der Arbeitgeber gegenüber schwerbehinderten Mitarbeitern im BEM?

Der Arbeitgeber hat gegenüber schwerbehinderten und gleichgestellten Beschäftigten im BEM kein Sonderverfahren durchzuführen, unterliegt aber erhöhten Sorgfaltspflichten im Suchprozess. Das BEM muss daten-

schutzkonform organisiert werden, mit vollständiger Aufklärung, freiwilliger Zustimmung und getrennter BEM-Dokumentation – das gilt für alle Beschäftigten. Bei schwerbehinderten und gleichgestellten Beschäftigten kommen darüber hinaus spezifische Pflichten hinzu.
Der Arbeitgeber muss behinderungsgerechte Beschäftigung und angemessene Vorkehrungen ernsthaft prüfen. Das umfasst Anpassungen von Arbeitsplatz, Arbeitsorganisation, Arbeitszeit und Arbeitsumgebung, die Bereitstellung technischer Hilfen, die Entlastung von besonders belastenden Tätigkeiten sowie bei Bedarf einen alternativen Einsatz oder eine Qualifizierung. Die betroffene Person ist aktiv darauf hinzuweisen, dass die Schwerbehindertenvertretung und der Betriebs- oder Personalrat am Verfahren beteiligt werden können; die tatsächliche Teilnahme setzt deren Zustimmung voraus. Wenn Leistungen zur Teilhabe oder begleitende Hilfen in Betracht kommen, muss der Arbeitgeber mit Einwilligung der betroffenen Person die zuständigen Rehabilitationsträger und bei Schwerbehinderung das Integrationsamt rechtzeitig einbinden und Anträge sowie Koordination unverzüglich anstoßen.
Die erhöhten Sorgfaltspflichten wirken sich auch auf den Verfahrensabschluss aus. Der Arbeitgeber darf den Suchprozess nicht einseitig für beendet erklären, sondern muss nachvollziehbar darlegen, welche Möglichkeiten geprüft wurden, und der betroffenen Person sowie den beteiligten Stellen Gelegenheit für weitere Vorschläge geben. Ein fehlendes oder fehlerhaftes BEM erhöht bei schwerbehinderten Beschäftigten das arbeitsrechtliche Risiko zusätzlich, weil neben der erhöhten Darlegungs- und Beweislast der besondere Kündigungsschutz über das Integrationsamt hinzutritt.

93. Welche Bedeutung hat der besondere Kündigungsschutz im Hintergrund eines BEM bei Schwerbehinderung?

Der besondere Kündigungsschutz schwerbehinderter Beschäftigter wirkt sich unmittelbar auf das BEM aus. Eine Arbeitgeberkündigung ist grundsätzlich nur mit vorheriger Zustimmung des Integrationsamtes wirksam. Im Zustimmungsverfahren beteiligt das Integrationsamt Betriebs- oder

Personalrat sowie die Schwerbehindertenvertretung, hört die betroffene Person an und prüft, ob realistische Alternativen zur Kündigung ausgeschöpft wurden. Dazu gehört regelmäßig auch die Frage, ob ein ordnungsgemäßes BEM als ergebnisoffener Suchprozess durchgeführt wurde.
Das Integrationsamt ist dabei nicht nur Zustimmungsbehörde im Kündigungsverfahren, sondern zugleich ein zentraler externer Leistungspartner im BEM. Wird es frühzeitig und mit Einwilligung der betroffenen Person eingebunden, bringt es Beratung, technische Expertise und finanzielle Fördermöglichkeiten in den Suchprozess ein – weit bevor eine Kündigung überhaupt in Betracht kommt. Unterbleibt ein BEM oder ist es fehlerhaft, steigt das Risiko für den Arbeitgeber erheblich: Das Integrationsamt fordert in der Praxis häufig ein Nachholen des BEM und setzt das Zustimmungsverfahren bis dahin aus. Im Kündigungsschutzprozess trifft den Arbeitgeber zudem eine erhöhte Darlegungs- und Beweislast dafür, dass auch ein ordnungsgemäßes BEM die Kündigung nicht hätte verhindern können.
Selbst bei erteilter Zustimmung des Integrationsamtes bleibt die Kündigung nach dem Kündigungsschutzgesetz arbeitsrechtlich angreifbar. Ein sorgfältig geführtes und dokumentiertes BEM bleibt daher in jedem Fall entscheidend. Betriebs- oder Personalrat und Schwerbehindertenvertretung achten darauf, dass der Arbeitgeber das BEM bei schwerbehinderten Beschäftigten als echten Suchprozess führt und das Integrationsamt frühzeitig als Unterstützungspartner einbezieht, statt es erst im Kündigungsfall einzuschalten.

94. Wann und wie wird das Integrationsamt im BEM einbezogen?

Das Integrationsamt wird im BEM bei schwerbehinderten oder gleichgestellten Beschäftigten einbezogen, wenn aus der Situationsanalyse erkennbar wird, dass begleitende Hilfen im Arbeitsleben oder Teilhabeleistungen den Suchprozess voranbringen können. Typische Anlässe sind technische Hilfen und Arbeitsplatzanpassungen, die Prüfung eines alternativen leidensgerechten Einsatzes, Qualifizierungsbedarf oder Unterstützung bei Leistungsproblemen und Konflikten am Arbeitsplatz. Die Einbindung setzt die Zustimmung der betroffenen Person voraus; weitergegeben wer-

den nur arbeitsbezogene Angaben zum Leistungsbild und Anforderungsprofil, keine Diagnosen.
Der konkrete Nutzen einer frühzeitigen Einbindung ist erheblich. Das Integrationsamt bringt technische und organisatorische Expertise ein, kann seinen Technischen Beratungsdienst und Integrationsfachdienste beteiligen und die Abstimmung mit Rehabilitationsträgern unterstützen, damit Leistungen zügig beantragt und bewilligt werden. Darüber hinaus stehen finanzielle Förderleistungen zur Verfügung, etwa Zuschüsse zu Arbeitshilfen und Arbeitsplatzumgestaltungen, der Beschäftigungssicherungszuschuss bei behinderungsbedingt erheblich verminderter Arbeitsleistung sowie psychosoziale Begleitung durch die Integrationsfachdienste. Diese Leistungen erweitern den Lösungsraum im BEM oft deutlich über das hinaus, was innerbetrieblich allein realisierbar wäre.
Betriebs- oder Personalrat und Schwerbehindertenvertretung wirken darauf hin, dass der Arbeitgeber das Integrationsamt bei erkennbarem Bedarf tatsächlich einbezieht und die betroffene Person verständlich über die verfügbaren Unterstützungsleistungen informiert wird, bevor über weitergehende arbeitsrechtliche Schritte nachgedacht wird.

95. Was ist der Integrationsfachdienst und wie kann er im BEM helfen?

Der Integrationsfachdienst (§ 192 SGB IX) ist ein externer Fachdienst zur beruflichen Teilhabe schwerbehinderter Menschen. Er arbeitet meist im Auftrag des Integrationsamtes, der Agentur für Arbeit oder anderer Rehabilitationsträger und unterstützt sowohl die betroffene Person als auch den Arbeitgeber bei der Sicherung des Arbeitsplatzes. Seine Einbindung im BEM setzt die Zustimmung der betroffenen Person voraus; weitergegeben werden nur die für die Lösungsfindung erforderlichen arbeitsbezogenen Informationen.
Im BEM kann der Integrationsfachdienst insbesondere folgende Beiträge leisten:

- **Beratung zum Leistungsbild:** Übersetzung behinderungsbedingter Einschränkungen in ein arbeitsbezogenes Fähigkeits- und Belastungsprofil, ohne dass Diagnosen offengelegt werden müssen.

- **Neutrale Prozessbegleitung:** Moderation in schwierigen Konstellationen, etwa bei Interessenkonflikten, Misstrauen oder Leistungsproblemen, damit das BEM nicht an der Gesprächsebene scheitert.
- **Arbeitsplatz- und Maßnahmencheck:** Identifikation realistischer Anpassungen bei Aufgaben, Arbeitsorganisation, Arbeitszeit, Hilfsmitteln oder Qualifizierung und Abgleich mit den Anforderungen des konkreten Arbeitsplatzes.
- **Klärung von Fördermöglichkeiten:** Unterstützung bei der Antragstellung und Koordination passender Leistungen, etwa technische Hilfen, Arbeitsassistenz oder Zuschüsse zur Arbeitsplatzausstattung. Diese Fördernavigation macht Lösungen oft erst praktisch umsetzbar.
- **Unterstützung aller Beteiligten:** Der Integrationsfachdienst steht auch der Schwerbehindertenvertretung, dem Betriebs- oder Personalrat und der Arbeitgeberseite als fachlicher Ansprechpartner für die praktische Umsetzung und Stabilisierung der vereinbarten Maßnahmen zur Verfügung.

Betriebs- oder Personalrat und Schwerbehindertenvertretung können die Einbindung des Integrationsfachdienstes im BEM anregen und achten darauf, dass seine Expertise frühzeitig genutzt wird, wenn der innerbetriebliche Suchprozess an Grenzen stößt.

96. Welche Leistungen zur Teilhabe am Arbeitsleben und welche begleitenden Hilfen kommen typischerweise in Betracht und wer ist dafür zuständig?

Leistungen zur Teilhabe am Arbeitsleben werden von den Rehabilitationsträgern erbracht – insbesondere von der Rentenversicherung, der Agentur für Arbeit, der gesetzlichen Unfallversicherung und den Krankenkassen. Sie zielen darauf, die Erwerbsfähigkeit zu erhalten oder wiederherzustellen. Im BEM kommen vor allem folgende Leistungen in Betracht:

- Berufliche Qualifizierung, Umschulung und arbeitsplatznahes Jobcoaching zur Anpassung oder Erweiterung der Beschäftigungsfähigkeit.

- Zuschüsse für technische Arbeitshilfen und Arbeitsplatzumbauten sowie Arbeitserprobungen und Eingliederungszuschüsse bei der Besetzung eines neuen oder angepassten Arbeitsplatzes.
- Persönliches Budget, wenn eine selbstbestimmte Organisation der Unterstützungsleistungen passgenauer ist als Sachleistungen (§ 29 SGB IX).

Begleitende Hilfen im Arbeitsleben werden überwiegend vom Integrationsamt finanziert und sichern die Beschäftigung trotz behinderungsbedingter Nachteile:

- Behinderungsgerechte Arbeitsplatzgestaltung, Hilfsmittel und Unterstützung durch den Technischen Beratungsdienst des Integrationsamtes bei der praktischen Umsetzung vor Ort.
- Arbeitsassistenz und psychosoziale Begleitung durch den Integrationsfachdienst, insbesondere bei komplexen Wiedereingliederungsverläufen.
- Beschäftigungssicherungszuschuss bei dauerhaft behinderungsbedingt geminderter Arbeitsleistung, um den wirtschaftlichen Nachteil für den Arbeitgeber auszugleichen.

Für die Zuständigkeit gilt: Der erstangegangene Rehabilitationsträger muss einen Antrag innerhalb von zwei Wochen prüfen und bei fehlender Zuständigkeit an den richtigen Träger weiterleiten (§ 14 SGB IX). Im BEM sollte die Antragstellung daher frühzeitig eingeleitet und aktiv koordiniert werden. Betriebs- oder Personalrat und Schwerbehindertenvertretung wirken darauf hin, dass der Arbeitgeber diese Leistungen im Suchprozess berücksichtigt und die betroffene Person verständlich über die verfügbaren Unterstützungsmöglichkeiten informiert wird.

97. Welche Zuschüsse und Fördermittel können Arbeitgeber zur Arbeitsplatzgestaltung/-anpassung nutzen?

Für die Gestaltung und Anpassung von Arbeitsplätzen stehen Arbeitgebern verschiedene Förderquellen zur Verfügung. Welcher Träger zuständig ist, hängt von der geplanten Maßnahme und der individuellen Konstellation ab. Die wichtigsten Anlaufstellen sind:

- **Integrationsamt:** Zuschüsse und Darlehen für technische Arbeitshilfen, behinderungsgerechte Arbeitsplatzgestaltung und barrierefreie Umgebungsanpassungen, finanziert aus der Ausgleichsabgabe. Ergänzend steht der Technische Beratungsdienst des Integrationsamtes für die praktische Umsetzung vor Ort zur Verfügung, und die Begleitung durch den Integrationsfachdienst kann mitfinanziert werden.
- **Rehabilitationsträger:** Je nach Zuständigkeit erbringen insbesondere die Rentenversicherung, die Agentur für Arbeit, die gesetzliche Unfallversicherung und die Krankenkassen Leistungen zur Teilhabe am Arbeitsleben. Dazu gehören die Finanzierung technischer Hilfen und Arbeitsplatzumrüstungen, Qualifizierungen, Arbeitserprobungen sowie Eingliederungszuschüsse bei der Besetzung eines angepassten Arbeitsplatzes.
- **Gesetzliche Unfallversicherung bei Arbeitsunfall oder Berufskrankheit:** In diesen Fällen übernimmt die zuständige Berufsgenossenschaft oder Unfallkasse häufig umfassende Leistungen für Arbeitsplatzanpassung, Hilfsmittel und Wiedereingliederung, ohne dass ein gesonderter Antrag erforderlich ist.
- **Ergänzende Programme:** Auf Landes- und kommunaler Ebene bestehen regional unterschiedliche Förderprogramme, etwa für bauliche Barrierefreiheit, die im Einzelfall zusätzlich genutzt werden können.

Für die Praxis ist entscheidend, dass Förderanträge vor dem Kauf oder Umbau gestellt werden, da eine nachträgliche Förderung in der Regel ausgeschlossen ist. Der Antrag sollte eine Kostenschätzung und eine arbeitsbezogene Begründung auf Grundlage von Anforderungsprofil und Leistungsbild enthalten.

98. Was ist der Beschäftigungssicherungszuschuss und wann passt er?

Der Beschäftigungssicherungszuschuss ist ein Lohnkostenzuschuss des Integrations- oder Inklusionsamtes, der aus Mitteln der Ausgleichsabgabe finanziert wird. Er dient dazu, ein bestehendes Arbeitsverhältnis zu sichern, wenn die Arbeitsleistung dauerhaft und erheblich behinderungsbedingt gemindert ist und der Arbeitgeber die daraus resultierende wirtschaftliche Belastung nicht allein tragen kann. Der Zuschuss gleicht die Differenz aus

und verhindert, dass ein an sich mögliches Beschäftigungsverhältnis allein aus wirtschaftlichen Gründen beendet wird.
Der Beschäftigungssicherungszuschuss passt typischerweise dann, wenn nach der Situationsanalyse und der Prüfung aller betrieblichen Anpassungsmöglichkeiten feststeht, dass eine Beschäftigung grundsätzlich möglich ist, aber trotz Anpassungen von Arbeitsplatz, Arbeitsorganisation, Arbeitszeit und Hilfsmitteln eine relevante behinderungsbedingte Leistungsminderung oder ein dauerhaft erhöhter Betreuungsaufwand verbleibt. Häufige Konstellationen sind dauerhafte Einschränkungen mit stabiler Prognose, langjährige Beschäftigte mit umfassendem Erfahrungswissen oder Fälle, in denen technische und organisatorische Maßnahmen allein nicht ausreichen.
Nicht geeignet ist der Zuschuss bei nur vorübergehender Erkrankung, bei Leistungsproblemen ohne Behinderungsbezug oder wenn vorrangig andere Instrumente greifen – etwa technische Arbeitshilfen, Arbeitsassistenz, Qualifizierung oder eine Umsetzung auf einen geeigneteren Arbeitsplatz. Die Bewilligung setzt voraus, dass die behinderungsbedingte Minderleistung nachgewiesen, mildere Mittel ausgeschöpft und eine Perspektive dargelegt wird, dass die Beschäftigung mit Unterstützung stabil bleibt.

99. Was sind Eingliederungszuschüsse und welche typischen Fallstricke gibt es bei der Antragstellung?

Eingliederungszuschüsse sind Lohnkostenzuschüsse, die Arbeitgeber über die Agentur für Arbeit oder das Jobcenter erhalten können, wenn eine Person wegen Vermittlungshemmnissen voraussichtlich länger eingearbeitet werden muss und die Arbeitsleistung anfangs noch unter dem üblichen Niveau liegt. Der Zuschuss soll die Einstellung oder Weiterbeschäftigung wirtschaftlich absichern; Höhe und Dauer werden einzelfallbezogen festgelegt.
Bei der Antragstellung gibt es typische Fehlerquellen, die den Zuschuss gefährden oder zum Verlust der Förderung führen können:

- **Antrag zu spät gestellt:** Der Antrag muss vor Abschluss des Arbeitsvertrages und vor Arbeitsaufnahme eingehen. Wird erst nach Beginn der Beschäftigung beantragt, ist eine Förderung in der Regel ausgeschlossen.

- **Begründung und Planung unzureichend:** Es fehlt eine nachvollziehbare Darstellung der erwarteten Minderleistung, ein konkreter Einarbeitungs- und Qualifizierungsplan oder eine Prognose, wann die volle Arbeitsleistung erreicht werden soll. Ohne diese Grundlagen wird der Antrag häufig abgelehnt.
- **Fehlende Koordination mit anderen Leistungen:** Zuschüsse des Integrationsamtes oder anderer Rehabilitationsträger werden nicht abgestimmt, sodass Zuständigkeiten und Förderziele nicht zusammenpassen. Änderungen bei Tätigkeit, Stundenumfang oder Einsatzort müssen dem Träger mitgeteilt werden, da sonst eine Rückforderung droht.

Im BEM kommt ein Eingliederungszuschuss vor allem in Betracht, wenn die betroffene Person auf einen neuen Arbeitsplatz mit erheblichem Einarbeitungsbedarf umgesetzt wird. Der Zuschuss überbrückt die Phase der Minderleistung während der Einarbeitung, ersetzt aber keine Arbeitsplatzanpassung oder andere betriebliche Maßnahmen.

100. Was ist Arbeitsassistenz und wie grenzt sie sich von »normaler Unterstützung« ab?

Arbeitsassistenz ist eine personelle, regelmäßig finanzierte Unterstützung für schwerbehinderte Beschäftigte, die behinderungsbedingte Nachteile am Arbeitsplatz ausgleicht. Sie soll ermöglichen, dass die eigentliche Arbeitsleistung erbracht werden kann, obwohl einzelne Handlungen wegen der Behinderung nicht oder nur eingeschränkt möglich sind. Von der allgemeinen betrieblichen Unterstützung unter Kolleginnen und Kollegen unterscheidet sie sich in vier wesentlichen Punkten:

- **Ziel:** Die Arbeitsassistenz kompensiert gezielt behinderungsbedingte Einschränkungen. Allgemeine betriebliche Unterstützung ist kollegiale Hilfsbereitschaft oder übliche Einarbeitung ohne behinderungsbezogenen Ausgleichszweck.
- **Inhalt:** Die Arbeitsassistenz übernimmt unterstützende Teilaufgaben wie Handreichungen, Hebe- und Greifhilfen, Unterstützung bei Kommunikation oder Dokumentation. Die Kernaufgabe, für die der Arbeitsplatz geschaffen ist, wird von der betroffenen Person selbst erbracht.

- **Dauer und Struktur:** Die Arbeitsassistenz ist planbar, regelmäßig und in Umfang sowie Zeiten verbindlich festgelegt. Allgemeine Unterstützung ist dagegen punktuell, informell und nicht verlässlich einforderbar.
- **Finanzierung:** Die Arbeitsassistenz wird über das Integrationsamt oder im Rahmen von Leistungen zur Teilhabe finanziert. Allgemeine betriebliche Unterstützung ist Sache des Arbeitgebers ohne externen Leistungsträger.

Wenn auch mit Arbeitsassistenz die Kernleistung dauerhaft nicht erbracht werden kann, muss im BEM zusätzlich über Arbeitsplatzgestaltung, Aufgabenänderung, Qualifizierung oder einen alternativen Einsatz nachgedacht werden. Arbeitsassistenz ergänzt diese Maßnahmen, ersetzt sie aber nicht.

101. Was ist das persönliche Budget und wann hilft es im BEM-Kontext wirklich weiter?

Das Persönliche Budget ist eine Leistungsform im Rehabilitations- und Teilhaberecht (§ 29 SGB IX). Statt Sachleistungen erhält die berechtigte Person auf Antrag Geld- oder Gutscheinleistungen, um notwendige Teilhabeleistungen selbstbestimmt einzukaufen und zu organisieren. Es handelt sich nicht um eine zusätzliche Leistung, sondern um eine andere Form der Leistungserbringung, die der betroffenen Person mehr Eigensteuerung ermöglicht.

Im BEM kommt das Persönliche Budget vor allem dann in Betracht, wenn eine passende Unterstützung inhaltlich klar ist, aber als Standardleistung zu langsam, zu unflexibel oder nicht passgenau verfügbar wäre. Typische Anwendungsfälle sind Arbeitsassistenz oder Kommunikationsassistenz, Jobcoaching in einer konkreten betrieblichen Konstellation, spezielle Stabilisierungshilfen oder die Kombination mehrerer Leistungen verschiedener Träger, bei der die selbstorganisierte Koordination durch die betroffene Person schneller und zielgenauer ist als das reguläre Bewilligungsverfahren. Besonders sinnvoll kann das Persönliche Budget sein, wenn nach langer Arbeitsunfähigkeit zeitnah gehandelt werden muss und eine maßgeschneiderte Lösung gefragt ist.

Das Persönliche Budget ersetzt keine betrieblichen Pflichten des Arbeitgebers. Maßnahmen der Arbeitsplatzgestaltung, Arbeitsorganisation oder

Arbeitszeitanpassung bleiben Arbeitgeberaufgabe und können nicht auf die betroffene Person verlagert werden. Voraussetzung für die Nutzung ist zudem, dass die betroffene Person die Organisation der Leistungen übernehmen kann und möchte. Im BEM sollte das Persönliche Budget daher als ergänzende Lösungsoption besprochen werden, wenn Standardleistungen an ihre Grenzen stoßen.

102. Was ist Jobcoaching und wann ist es der bessere Hebel als Arbeitsassistenz?

Jobcoaching (§ 49 Abs. 8 Nr. 2a SGB IX) ist eine zeitlich befristete, arbeitsplatznahe Unterstützung, die darauf zielt, Arbeitsfähigkeit und Leistungsfähigkeit im konkreten Arbeitsumfeld zu stabilisieren. Im Mittelpunkt stehen Einarbeitung, Strukturierung, Lern- und Anpassungsprozesse sowie die Gestaltung von Arbeitssituation und Zusammenarbeit. Typische Inhalte sind die Analyse von Anforderungen und Belastungsspitzen, der Aufbau von Arbeitsroutinen und Arbeitsstrategien, die Anpassung von Abläufen und Kommunikationswegen sowie die schrittweise Stabilisierung nach einer Rückkehr oder Umsetzung. Jobcoaching ersetzt weder Therapie noch Kontrolle, sondern übersetzt das Leistungsbild in alltagstaugliche Arbeitsstrategien.

Jobcoaching ist gegenüber Arbeitsassistenz der bessere Ansatz, wenn das Kernproblem nicht darin liegt, dass einzelne Handlungen behinderungsbedingt nicht ausgeführt werden können, sondern dass Anleitung, Anpassung und Stabilisierung gebraucht werden. Das ist häufig der Fall bei neuen Aufgaben, nach längerer Arbeitsunfähigkeit, bei psychischen Belastungen, bei Konstellationen mit Autismus oder ADHS, bei Konflikten am Arbeitsplatz oder wenn Arbeitsanforderungen erst passend gestaltet werden müssen. Ziel ist, dass die betroffene Person zunehmend selbstständig und stabil arbeitsfähig wird.

Arbeitsassistenz passt dagegen, wenn dauerhaft konkrete behinderungsbedingte Teilhandlungen nicht möglich sind und deshalb regelmäßig praktische Hilfe benötigt wird – etwa beim Greifen, Tragen, bei Wegen oder bei bestimmten Kommunikations- und Dokumentationsaufgaben. Während Arbeitsassistenz eine bestehende Einschränkung dauerhaft ausgleicht, zielt

Jobcoaching darauf, die Arbeitsfähigkeit so weit zu entwickeln, dass die Unterstützung schrittweise entfallen kann.

103. Welche Rolle hat der Inklusionsbeauftragte des Arbeitgebers im BEM?

Der Inklusionsbeauftragte des Arbeitgebers ist nach § 181 SGB IX die verantwortliche Ansprechperson für Angelegenheiten schwerbehinderter und gleichgestellter Beschäftigter. Er vertritt den Arbeitgeber in diesen Fragen und bündelt die Zuständigkeiten, damit Inklusion im Betrieb nicht an unklaren Verantwortlichkeiten scheitert.

Im BEM hat der Inklusionsbeauftragte typischerweise drei Funktionen:

- **Verfahrenssicherung:** Er wirkt daran mit, dass BEM und Prävention strukturiert ablaufen – mit klaren Zuständigkeiten, definierten Schnittstellen und verlässlichen Datenschutzregeln. Dazu kann auch die Mitarbeit an Betriebs- und Inklusionsvereinbarungen gehören.
- **Betriebliche Umsetzung:** Er klärt, welche Anpassungen von Arbeitsplatz, Arbeitsorganisation, Arbeitszeit oder Qualifizierung realistisch sind, und organisiert intern die erforderlichen Entscheidungen und Ressourcen.
- **Externe Koordination:** Er fungiert als Verbindungsperson zu Integrationsamt und Agentur für Arbeit und koordiniert die Einbeziehung von Rehabilitationsträgern, Integrationsfachdiensten und die Einleitung von Förderanträgen.

Der Inklusionsbeauftragte ist nicht automatisch Teilnehmer jedes BEM-Gesprächs. Er wird fallbezogen eingebunden, vor allem wenn Entscheidungen, betriebliche Koordination oder Finanzierungsfragen anstehen – und nur im freigegebenen, erforderlichen Umfang.

104. Wie arbeiten Schwerbehindertenvertretung und Betriebs-/Personalrat im BEM zusammen?

Schwerbehindertenvertretung und Betriebs- oder Personalrat verfolgen im BEM dasselbe Ziel – die Beschäftigung sichern –, bringen aber unterschiedliche Kompetenzen ein. Der Betriebs- oder Personalrat ist die allgemeine

Interessenvertretung, die Schwerbehindertenvertretung die spezialisierte Vertretung für schwerbehinderte und gleichgestellte Beschäftigte. Eine wirksame Zusammenarbeit setzt voraus, dass beide Gremien arbeitsteilig agieren und den Beteiligtenkreis im Gespräch nicht unnötig erweitern.
In der Praxis empfiehlt sich eine klare Aufgabenteilung:

- **Beteiligung und Rollenverteilung:** Beide nehmen nur teil, wenn die betroffene Person dies wünscht. Vorab sollte geklärt sein, wer welche Gesprächsrolle übernimmt, damit keine Doppelbefragungen entstehen und das Gespräch strukturiert bleibt.
- **Inhaltliche Arbeitsteilung:** Der Betriebs- oder Personalrat achtet auf fairen Ablauf, Freiwilligkeit, Datenschutz und Dokumentationsgrenzen. Die Schwerbehindertenvertretung fokussiert behinderungsgerechte Beschäftigung, angemessene Vorkehrungen und die Einbindung externer Leistungspartner wie Integrationsamt, Integrationsfachdienste und Rehabilitationsträger.
- **Verfahrensregeln und Vertraulichkeit:** Der Betriebs- oder Personalrat prägt über die Betriebs- oder Dienstvereinbarung den Verfahrensrahmen, die Schwerbehindertenvertretung bringt die inklusionsspezifische Perspektive ein. Beide unterliegen der Verschwiegenheit; weitergegeben werden nur die erforderlichen, freigegebenen Informationen, und BEM-Unterlagen bleiben getrennt von der Personalakte.

Wenn beide Gremien ihre jeweiligen Stärken abgestimmt einbringen – der Betriebs- oder Personalrat die Verfahrenssicherheit und Mitbestimmungskompetenz, die Schwerbehindertenvertretung die Fachkenntnis in Inklusion und Förderleistungen –, steigen die Chancen auf tragfähige Lösungen im BEM erheblich.

105. Wie trägt das BEM zur Inklusion schwerbehinderter Menschen im Betrieb bei?

Das BEM trägt zur Inklusion schwerbehinderter Menschen bei, wenn es nicht als Gespräch über Krankheit, sondern als strukturierter Anpassungsprozess verstanden wird. Inklusion bedeutet im betrieblichen Alltag, dass Arbeitsfähigkeit durch Gestaltung ermöglicht wird – nicht durch Aussortierung.
Das BEM leistet dazu einen konkreten Beitrag auf drei Ebenen:

- **Arbeitsbezogene Lösungen statt Fixierung auf Einschränkungen:** Über das positive und negative Leistungsbild und das Anforderungsprofil werden behinderungsbedingte Einschränkungen in konkrete Anpassungen übersetzt. Arbeitsplatz, Arbeitsorganisation, Arbeitszeit, Hilfsmittel, Qualifizierung und alternative Einsatzmöglichkeiten werden ergebnisoffen geprüft. Das reduziert Stigmatisierung und macht Teilhabe praktisch steuerbar.
- **Schutz und Unterstützung durch die Beteiligten:** Die Schwerbehindertenvertretung und der Betriebs- oder Personalrat stabilisieren Freiwilligkeit, Datenschutz und Fairness im Verfahren und bringen Inklusionskompetenz ein. Integrationsamt, Integrationsfachdienste und Rehabilitationsträger liefern externe Expertise und Fördermittel, die betriebliche Anpassungen realistisch finanzierbar und schneller umsetzbar machen.
- **Kulturwirkung und Nachhaltigkeit:** Wenn das BEM als professioneller, selbstverständlicher Prozess im Betrieb etabliert ist, sinkt die Hemmschwelle, frühzeitig über Einschränkungen und Anpassungen zu sprechen. Die Wirksamkeitsprüfung und vereinbarte Folgetermine stellen sicher, dass Lösungen nicht nach kurzer Zeit wirkungslos werden, sondern dauerhaft stabilisiert werden.

Inklusion wird im Betrieb gelebte Praxis, wenn der Suchprozess konsequent an individuellen Anpassungen statt an pauschalen Einschätzungen ausgerichtet ist.

G. BEM und psychische Erkrankungen

106. Worauf ist beim BEM mit psychisch erkrankten Mitarbeitern besonders zu achten?

Beim BEM mit psychisch erkrankten Beschäftigten ist weniger die Erkrankung selbst die zentrale Herausforderung als das Setting: Angst vor Stigmatisierung und Misstrauen gegenüber dem Arbeitgeber stehen einer offenen Mitwirkung häufig im Weg. Entscheidend ist deshalb ein besonders klarer, entlastender Prozess, der Sicherheit vermittelt und zugleich auf konkrete arbeitsbezogene Lösungen ausgerichtet bleibt.
Drei Handlungsebenen verdienen besondere Aufmerksamkeit:

- **Schutzrahmen stärken:** Freiwilligkeit ohne Druck, keine Vermischung mit Fehlzeiten- oder Leistungsgesprächen, ein eng begrenzter Teilnehmerkreis mit klaren Rollen und minimaler Dokumentation. Diagnosen werden nicht erfragt; gearbeitet wird mit dem positiven und negativen Leistungsbild und arbeitsbezogenen Belastungsfaktoren. Vertraulichkeit muss nicht nur zugesagt, sondern für die betroffene Person erkennbar umgesetzt werden.
- **Gesprächsgestaltung anpassen:** Kurze Termine, Pausen und die Möglichkeit zu vertagen entlasten die Gesprächssituation. Eine klare Agenda mit konkreten nächsten Schritten gibt Orientierung und verhindert, dass das Gespräch in therapeutische oder private Bereiche abdriftet. Das BEM bleibt ein Klärungsprozess zur Arbeitsgestaltung, nicht zur Aufarbeitung der Erkrankung.
- **Arbeitsplatzfaktoren in den Mittelpunkt stellen:** Zeitdruck, häufige Unterbrechungen, Schichtbelastung, Konflikte im Team oder fehlende Planbarkeit sind bei psychischen Erkrankungen häufig die wirksamsten Ansatzpunkte. Der Betriebsarzt oder externe Fachleute werden nur mit

Zustimmung der betroffenen Person und auf Grundlage eines funktionsbezogenen Belastungsprofils einbezogen, nicht auf Basis von Diagnosen.

Vom BEM-Verfahren klar zu trennen sind akute Krisen, insbesondere Hinweise auf Selbst- oder Fremdgefährdung. Solche Situationen sind kein Gegenstand des BEM, sondern erfordern ein eigenständiges Notfall- und Schutzkonzept mit klaren Zuständigkeiten.

107. Wie spricht man im BEM sensible psychische Probleme an?

Sensible psychische Themen werden im BEM nicht über Diagnosen angesprochen, sondern über ihre Auswirkungen auf die Arbeit. Ziel ist ein belastbares Leistungsbild und daraus abgeleitete konkrete Entlastungen – ohne Eingriff in die Privatsphäre. Dazu braucht es zunächst einen klaren Rahmen: Zweck des Gesprächs, Freiwilligkeit, Datenschutz, eng begrenzter Teilnehmerkreis und minimale Dokumentation. Die betroffene Person muss von Anfang an wissen, dass es nicht um die Erkrankung geht, sondern um Arbeitsfähigkeit und Arbeitsgestaltung.

Die Gesprächsführung setzt konsequent an der Arbeitssituation an. Gefragt wird nach Anforderungen, Belastungsspitzen und Auslösern im Arbeitsalltag: Welche Situationen sind derzeit am schwierigsten, welche Aufgaben gelingen gut, welche Arbeitsbedingungen verschlechtern die Lage und welche Anpassungen würden kurzfristig am meisten entlasten – etwa bei Planbarkeit, Pausenregelungen, Aufgabenabgrenzung oder Reizreduktion? Psychische Belastungen sollten dabei weder dramatisiert noch bagatellisiert werden; sie sind häufig und lassen sich über Arbeitsgestaltung wirksam beeinflussen. Wenn die betroffene Person über Ursachen nicht sprechen möchte, reicht die Beschreibung der arbeitsbezogenen Einschränkungen. Der Betriebsarzt, ein Jobcoach oder der Integrationsfachdienst können ergänzend ein funktionsbezogenes Belastungsprofil erstellen, ohne dass Diagnosen an den Arbeitgeber fließen.

Bei Ablehnung einzelner Gesprächsthemen wird nicht weiter nachgefragt. Das BEM arbeitet dann mit dem, was die betroffene Person benennt, und setzt auf kleine, reversible Entlastungen, deren Wirksamkeit gemeinsam geprüft wird.

108. Welche Unterstützung kann das BEM bei psychischen Erkrankungen bieten?

Das BEM kann psychische Erkrankungen nicht therapieren. Es kann aber die Arbeitsbedingungen so verändern, dass Arbeitsfähigkeit wieder möglich wird und Rückfällen vorgebeugt wird. Die wirksamsten Ansatzpunkte liegen erfahrungsgemäß bei Planbarkeit, Belastungssteuerung und einem konfliktarmen Arbeitsumfeld.
Typische Unterstützungsmaßnahmen lassen sich drei Handlungsfeldern zuordnen:

- **Arbeitszeit und Arbeitsorganisation:** Stufenweise Wiedereingliederung, vorübergehende Stundenreduzierung, feste Pausen und Erholungszeiten, Anpassung von Schichtmodellen, realistische Zielvorgaben, Entzerrung von Belastungsspitzen, weniger Parallelaufgaben und klare Zuständigkeiten. Planbare Aufgabenpakete und die Reduktion von Unterbrechungen geben Struktur und senken den Belastungsdruck.
- **Arbeitsumgebung und Aufgabengestaltung:** Reizreduktion bei Lärm oder häufigen Störungen, ruhigere Arbeitsplätze, Rückzugsmöglichkeiten und Homeoffice-Regelungen, wo die Tätigkeit es zulässt. Ergänzend kann der Aufgabenmix angepasst werden – etwa durch den Wegfall besonders belastender Tätigkeiten, eine schrittweise Rückkehr in verantwortungsintensive Aufgaben oder eine begleitende Einarbeitung nach längerer Arbeitsunfähigkeit.
- **Kommunikation, Führung und externe Unterstützung:** Klare Absprachen, regelmäßige kurze Rückmeldegespräche ohne Druck und die Klärung von Konflikten an Schnittstellen stabilisieren die Rückkehr auf der zwischenmenschlichen Ebene. Soweit erforderlich und mit Zustimmung der betroffenen Person können der Betriebsarzt für ein funktionsbezogenes Belastungsprofil, der Integrationsfachdienst, ein Jobcoach oder betriebliche Beratungsangebote eingebunden werden.

Alle Maßnahmen sollten konkret vereinbart werden – mit Zuständigkeiten, Fristen und einem Termin zur Wirksamkeitsprüfung nach wenigen Wochen.

109. Welche Rolle spielt der Betriebsarzt im BEM bei psychischen Erkrankungen und Suchterkrankungen?

Der Betriebsarzt kann im BEM bei psychischen Erkrankungen und Suchterkrankungen einen wichtigen Beitrag leisten, wenn seine Rolle klar abgegrenzt ist: Er berät zur Arbeitsfähigkeit und erstellt ein funktionsbezogenes Leistungs- und Belastungsprofil, behandelt aber nicht die Erkrankung und gibt keine Diagnosen an den Arbeitgeber weiter. Diese Rollentrennung muss im Verfahren von Anfang an transparent kommuniziert werden, damit die betroffene Person Vertrauen fassen kann.

Typische Einsatzfelder sind die Einschätzung von Belastungsgrenzen und Einsatzmöglichkeiten – etwa bei Fragen der Schichtfähigkeit, des Umgangs mit Zeitdruck oder der Eignung für Tätigkeiten mit Kundenkontakt –, die fachliche Begleitung einer Rückkehrplanung nach längerer Arbeitsunfähigkeit sowie Empfehlungen zu Arbeitsplatzgestaltung, Pausenregelungen und Arbeitsorganisation. Bei Suchterkrankungen kommt eine besondere Aufgabe hinzu: Der Betriebsarzt kann als Verbindung zu externen Angeboten wie Suchtberatung, Entwöhnungsbehandlung, Rehabilitation und Nachsorge vermitteln. Bei sicherheitskritischen Tätigkeiten hilft er außerdem, akute Gefährdungen sachlich einzuordnen und erforderliche Schutzmaßnahmen zu begründen.

Voraussetzung für die Einbindung ist stets die Zustimmung der betroffenen Person. Die Rückmeldung an den Arbeitgeber erfolgt ausschließlich als arbeitsbezogene Empfehlung zu Einsatzmöglichkeiten und Einschränkungen. Fehlt das Vertrauen der betroffenen Person in den Betriebsarzt, sollte auf die Einbindung verzichtet werden, um den Suchprozess nicht zu blockieren. Betriebs- oder Personalrat sorgt dafür, dass die Rollentrennung gewahrt bleibt und der Betriebsarzt im BEM als arbeitsmedizinischer Berater und nicht als verlängerter Arm des Arbeitgebers wahrgenommen wird.

110. Welche externen Hilfsangebote können im BEM bei psychischen Problemen eingebunden werden?

Im BEM können externe Hilfsangebote eingebunden werden, wenn sie konkret zur Stabilisierung der Arbeitsfähigkeit beitragen oder Maßnahmen finanziell und organisatorisch erst möglich machen. Voraussetzung ist stets die Zustimmung der betroffenen Person; weitergegeben werden nur arbeitsbezogene Informationen zum Leistungsbild und Anforderungsprofil, keine Diagnosen. Das BEM ersetzt keine Therapie, nutzt externe Angebote aber als Bausteine, damit Arbeitsbedingungen, Belastung und Unterstützung zusammenpassen.

Die relevanten externen Angebote lassen sich nach ihrer Funktion im BEM drei Bereichen zuordnen:

- **Behandlung und Rehabilitation:** Ambulante, teilstationäre oder stationäre psychotherapeutische und ärztliche Behandlung sowie medizinische und psychosomatische Rehabilitation sind im BEM vor allem über die Rückkehrplanung, die Einschätzung von Belastungsgrenzen und die Empfehlungen zur Arbeitsgestaltung relevant. Die stufenweise Wiedereingliederung über die behandelnden Ärzte und den zuständigen Leistungsträger bildet häufig den strukturierten Rahmen für die Rückkehr.
- **Leistungen zur Teilhabe und Förderung:** Rehabilitationsträger wie Rentenversicherung, Agentur für Arbeit oder Unfallversicherung können Qualifizierungen, Arbeitserprobungen oder Jobcoaching finanzieren. Bei schwerbehinderten oder gleichgestellten Beschäftigten kommen Integrationsamt und Integrationsfachdienste als Leistungspartner hinzu, die arbeitsplatznahe Stabilisierung, Strukturierung und Unterstützung bei Konflikten bieten.
- **Niedrigschwellige Beratung und Konfliktklärung:** Betriebliche oder externe psychosoziale Beratungsangebote ermöglichen Kurzberatung in Krisensituationen und können in weiterführende Behandlungssysteme vermitteln. Wenn Fehlzeiten mit Team- oder Führungskonflikten zusammenhängen, kann eine externe Mediation oder Konfliktmoderation den Suchprozess wirkungsvoll ergänzen.

Betriebs- oder Personalrat achten darauf, dass externe Angebote im BEM aktiv angesprochen und nicht erst als letzter Ausweg einbezogen werden.

111. Was tun, wenn ein Mitarbeiter angebotene psychische Hilfen im BEM ablehnt?

Die Ablehnung psychischer Hilfen im BEM ist zulässig und muss respektiert werden. Niemand ist verpflichtet, Therapie, Beratung, den Betriebsarzt oder externe Stellen in Anspruch zu nehmen. Das BEM wird dadurch nicht beendet, sondern auf das ausgerichtet, was ohne diese Unterstützung sinnvoll möglich ist. Entscheidend ist, dass die Ablehnung ohne Diskussion über Motive, ohne Druck und ohne Nachteile akzeptiert wird.
Auch ohne externe Hilfen kann mit dem arbeitsbezogenen Leistungsbild und den Arbeitsplatzanforderungen gearbeitet werden:

- **Betriebliche Entlastungen prüfen:** Statt an abgelehnten Hilfsangeboten festzuhalten, werden konkrete Anpassungen bei Arbeitszeit, Aufgabenzuschnitt, Arbeitsorganisation, Pausenregelungen oder Arbeitsumgebung in den Mittelpunkt gestellt. Es genügt, wenn die betroffene Person arbeitsbezogene Grenzen benennt, ohne Ursachen offenzulegen.
- **Kleine, reversible Maßnahmen erproben:** Kurzfristige Anpassungen werden vereinbart und nach wenigen Wochen gemeinsam auf ihre Wirksamkeit geprüft. Konkrete Ergebnisse können das Vertrauen in das Verfahren stärken und die Bereitschaft für weitergehende Schritte wachsen lassen.
- **Option offenhalten:** Abgelehnte Hilfen können zu einem späteren Zeitpunkt erneut angeboten werden, wenn sich die Haltung der betroffenen Person ändert oder neue Anknüpfungspunkte entstehen. Dokumentiert wird lediglich, dass Hilfen angeboten und abgelehnt wurden – ohne Bewertungen und ohne inhaltliche Details.

Wenn ohne jede Information zum Leistungsbild keine arbeitsbezogenen Maßnahmen abgeleitet werden können, bleibt das BEM ergebnisarm. Das rechtfertigt jedoch weder Zwang noch Druck. Betriebs- oder Personalrat achten darauf, dass die Ablehnung tatsächlich sanktionsfrei bleibt und die betroffene Person weiß, dass das Angebot jederzeit wieder aufgegriffen werden kann.

112. Was ist, wenn hinter den Fehlzeiten Konflikte am Arbeitsplatz stecken?

Wenn hinter den Fehlzeiten Konflikte am Arbeitsplatz stecken, ist das BEM kein reines Gesundheitsthema, sondern häufig ein Organisations- und Beziehungsthema mit gesundheitlichen Folgen. Das BEM kann Konflikte als arbeitsbezogene Belastungsfaktoren adressieren und auf strukturelle Veränderungen hinwirken. Es ist jedoch weder ein Disziplinarverfahren noch eine Beschwerdeverhandlung – diese Abgrenzung muss für alle Beteiligten von Anfang an klar sein.
In der Situationsanalyse wird der Blick über die klassischen Arbeitsplatzanforderungen hinaus auf soziale und organisatorische Faktoren erweitert: Führungsverhalten, Teamdynamik, Schnittstellenkonflikte, Rollenunklarheiten oder strukturelle Überlastung. Daraus lassen sich Maßnahmen ableiten, die an den Konfliktursachen ansetzen – etwa eine klarere Aufgaben- und Rollenabgrenzung, die Entzerrung belasteter Schnittstellen, verbindliche Kommunikationsregeln oder bei Bedarf ein Wechsel des Teams oder Arbeitsplatzes. Wenn eine eigenständige Konfliktbearbeitung erforderlich ist, kann mit Zustimmung der betroffenen Person eine externe Mediation, eine innerbetriebliche Konfliktberatung oder die Begleitung durch den Integrationsfachdienst eingeleitet werden. Diese Stränge ergänzen das BEM, ersetzen es aber nicht.
Bei Mobbing, Diskriminierung oder übergriffigem Verhalten reicht eine Bearbeitung im BEM allein nicht aus. Hier müssen parallel die betrieblichen Schutz- und Beschwerdewege genutzt werden, etwa Maßnahmen des Arbeitgebers nach dem Arbeitsschutzgesetz oder dem Allgemeinen Gleichbehandlungsgesetz. Betriebs- oder Personalrat behalten im Blick, dass Konflikte im BEM weder bagatellisiert noch als persönliches Defizit der betroffenen Person behandelt werden und dass die strukturellen Ursachen tatsächlich in die Maßnahmenplanung einfließen.

113. Wie kann die Interessenvertretung Beschäftigte psychischen Erkrankungen oder Suchtproblemen zur Teilnahme am BEM ermutigen?

Die Interessenvertretung kann die Teilnahmebereitschaft psychisch erkrankter oder suchtbetroffener Beschäftigter vor allem dadurch fördern, dass sie Sicherheit vermittelt und den konkreten Nutzen des BEM sichtbar macht. Beschäftigte steigen eher in das Verfahren ein, wenn sie erleben, dass Freiwilligkeit, Datenschutz und Vertraulichkeit tatsächlich gewährleistet sind und dass am Ende arbeitsbezogene Entlastungen stehen:

- **Sicherheit konkret vermitteln:** Die Interessenvertretung erklärt das BEM als Unterstützungsangebot zur Arbeitsgestaltung – nicht als Kontrollinstrument. Sie weist auf die getrennte BEM-Dokumentation, den eng begrenzten Teilnehmerkreis und die Regel hin, dass ohne Freigabe der betroffenen Person keine Informationen an Führungskraft oder Team weitergegeben werden. Der Nutzen wird durch konkrete Beispiele greifbar: Anpassungen bei Arbeitszeit, Pausenregelungen, Aufgabenzuschnitt, Arbeitsumgebung oder Konfliktklärung.
- **Einstieg niedrigschwellig gestalten:** Ein kurzes Informationsgespräch als erster Schritt, die Möglichkeit zum jederzeitigen Abbruch und das Recht, eine Vertrauensperson eigener Wahl hinzuzuziehen, senken die Hemmschwelle. Die Interessenvertretung kann selbst als Begleitung teilnehmen und bei der Zusammensetzung des Beteiligtenkreises unterstützen – etwa den Betriebsarzt statt der Führungskraft für das erste Gespräch vorschlagen. Externe Angebote wie psychosoziale Beratung oder Suchtberatung werden als freiwillige Option vermittelt.
- **Bei Suchterkrankungen klare Haltung zeigen:** Die Interessenvertretung wirkt darauf hin, dass Sucht im Betrieb als Erkrankung behandelt, Gerüchte unterbunden und eine respektvolle Sprache eingefordert wird. Wird das BEM abgelehnt, sollte nicht eskaliert, sondern das Angebot offengehalten werden. Eine Ablehnung ist gerade bei Suchterkrankungen häufig kein endgültiger Entschluss, sondern kann sich mit der Zeit verändern.

114. Wie geht man mit der Stigmatisierung psychischer Erkrankungen im BEM um?

Stigmatisierung psychischer Erkrankungen lässt sich im BEM nicht durch gute Absichten allein überwinden, sondern vor allem durch eine konsequente Verfahrensgestaltung: Der Fokus liegt auf Arbeitsfähigkeit und Arbeitsgestaltung, nicht auf der Erkrankung. Wenn das Verfahren durchgängig an Leistungsbild und Anforderungsprofil ausgerichtet ist und Diagnosen weder erfragt noch dokumentiert werden, verliert das Thema psychische Erkrankung im betrieblichen Kontext seinen Makel.
Drei Gestaltungsebenen tragen dazu besonders bei:

- **Sprache und Fokus konsequent arbeitsbezogen halten:** Im Gespräch wird nicht über Krankheitsbezeichnungen gesprochen, sondern über Arbeitsbedingungen, Belastungsfaktoren und Stabilisierungsmöglichkeiten. Maßnahmen wie Planbarkeit, angepasste Pausenregelungen, Schichtanpassung, Unterbrechungsreduktion oder veränderte Aufgabenzuschnitte sind arbeitsorganisatorische Lösungen, die keiner besonderen Kennzeichnung bedürfen.
- **Datenschutz als stärksten Schutz vor Stigmatisierung nutzen:** Ein eng begrenzter Teilnehmerkreis, getrennte BEM-Dokumentation, minimale Protokolle und keine Weitergabe an Führungskraft oder Team ohne Freigabe der betroffenen Person machen Vertraulichkeit sichtbar. Wenn Beschäftigte erleben, dass ihre Gesundheitsinformationen tatsächlich geschützt sind, sinkt die Angst vor Stigmatisierung.
- **Rollen und Grenzen klar einhalten:** Das BEM bleibt ein Unterstützungsverfahren zur Arbeitsgestaltung und wird nicht mit Leistungsbewertung oder Disziplinarmaßnahmen vermischt. Psychische Belastungen werden als häufige und beeinflussbare Wechselwirkung zwischen Person und Arbeitsbedingungen behandelt – ohne Psychologisierung und ohne Bewertung. Wenn die betroffene Person nicht über Hintergründe sprechen möchte, wird das akzeptiert; es genügt, arbeitsbezogene Grenzen zu benennen.

Betriebs- oder Personalrat wirken darauf hin, dass diese Verfahrensprinzipien im gesamten Betrieb als Standard gelten und nicht von der Haltung einzelner Führungskräfte abhängen. Stigmatisierung wird dort am wirksamsten zurückgedrängt, wo das BEM professionell organisiert ist und Gesundheitsdetails im betrieblichen Alltag keine Rolle mehr spielen.

115. Sollten Führungskräfte im Umgang mit psychischen Erkrankungen geschult werden?

Führungskräfte sollten im Umgang mit psychischen Erkrankungen geschult werden, weil sie im betrieblichen Alltag die entscheidende Schnittstelle sind. Ohne Schulung entstehen die typischen Fehler: Diagnosen werden erfragt, Freiwilligkeit wird unterlaufen, Belastungssignale werden übersehen oder Konflikte nicht rechtzeitig adressiert. Schulung ist deshalb kein freiwilliges Zusatzangebot, sondern ein Baustein der betrieblichen Prävention und des Risikomanagements.

Inhaltlich sollte die Schulung drei Schwerpunkte setzen. Erstens brauchen Führungskräfte Klarheit über ihre Rolle im BEM: Sie sind nicht für Therapie oder Diagnose zuständig, sondern für Arbeitsgestaltung, Priorisierung und den Schutz vor Überlastung. Sie müssen wissen, was sie im BEM erfahren dürfen und was nicht, dass Freiwilligkeit und Datenschutz unverhandelbar sind und dass BEM-Informationen nicht in die Personalakte gehören. Zweitens brauchen sie Gesprächskompetenz: die Fähigkeit, sensible Themen arbeitsbezogen anzusprechen, mit dem Leistungsbild statt mit Diagnosen zu arbeiten und klare Vereinbarungen zu treffen. Drittens müssen sie Belastungssignale wie Rückzug, Leistungseinbruch oder Überlastung erkennen, wissen, welche Eskalationswege bei akuten Krisen gelten, und die Zusammenarbeit mit BEM-Koordination, Betriebsarzt, Interessenvertretung und externen Stellen kennen.

Die Schulung sollte praxisnah und fallbasiert gestaltet sein und verbindliche Standards vermitteln – etwa einen Leitfaden für die Gesprächsführung, klare Datenschutzregeln und ein Eskalationsschema. Eine einmalige Veranstaltung genügt nicht; regelmäßige Auffrischungen sind notwendig. Betriebs- oder Personalrat können die Schulungspflicht in der Betriebs- oder Dienstvereinbarung verankern und darauf achten, dass sie tatsächlich durchgeführt wird. Eine geschulte Führungsebene senkt die Stigmatisierung psychischer Erkrankungen, verhindert Eskalationen und schafft die Voraussetzung dafür, dass BEM-Maßnahmen im Arbeitsalltag auch tatsächlich umgesetzt werden.

116. Wie lassen sich BEM-Erkenntnisse für die Gefährdungsbeurteilung psychischer Belastungen nutzen?

BEM-Erkenntnisse und Gefährdungsbeurteilung psychischer Belastungen stehen in einem Spannungsfeld. Der Arbeitgeber ist nach § 5 Abs. 3 Nr. 6 ArbSchG verpflichtet, psychische Belastungen in der Gefährdungsbeurteilung zu berücksichtigen. Gleichzeitig dürfen individuelle BEM-Daten nach der DSGVO ausschließlich für BEM-Zwecke verarbeitet werden. Eine direkte Übertragung einzelfallbezogener Gesundheitsdaten in den kollektiven Arbeitsschutz ist daher nicht zulässig.

Der Lösungsansatz liegt in der anonymisierten Auswertung auf Betriebsebene. Nicht individuelle Daten werden weitergegeben, sondern Muster: Wenn in bestimmten Bereichen BEM-Fälle gehäuft auftreten und wiederkehrende Belastungsfaktoren wie Zeitdruck, Unterbrechungshäufigkeit oder Schnittstellenkonflikte erkennbar werden, können diese Erkenntnisse in die Aktualisierung der Gefährdungsbeurteilung einfließen, ohne die datenschutzrechtliche Trennung zu durchbrechen. Als Mittler eignen sich insbesondere Betriebsärzte: Sie unterliegen der ärztlichen Schweigepflicht und können anonymisierte Erkenntnisse in den Arbeitsschutzausschuss nach § 11 Arbeitssicherheitsgesetz (ASiG) einbringen, ohne einzelne BEM-Verfahren offenzulegen.

Die Interessenvertretung kann diese Verbindung zwischen BEM und Prävention aktiv gestalten. Der Betriebsrat hat nach § 87 Abs. 1 Nr. 7 BetrVG ein erzwingbares Mitbestimmungsrecht bei der Gefährdungsbeurteilung und ist typischerweise sowohl im BEM als auch im Arbeitsschutzausschuss vertreten. Er kann anonymisierte Muster kommunizieren, ohne individuelle Daten preiszugeben, und so dafür sorgen, dass das BEM nicht nur im Einzelfall Lösungen hervorbringt, sondern auch betriebliche Prävention anstößt.

H. BEM und Sucht/Abhängigkeit

117. Wie geht man im BEM mit einer Suchterkrankung des Mitarbeiters um?

Im BEM wird eine Suchterkrankung wie jede andere Erkrankung behandelt: als freiwilliges Unterstützungsangebot zur Sicherung der Arbeitsfähigkeit und des Arbeitsverhältnisses. Der Einstieg erfolgt über ein wertschätzendes, vertrauliches Gespräch, in dem nicht die Erkrankung selbst, sondern die arbeitsbezogenen Auswirkungen angesprochen werden – etwa Fehlzeiten, Leistungsveränderungen oder sicherheitsrelevante Auffälligkeiten. Die Grundsätze des BEM gelten uneingeschränkt.
Im Suchprozess werden betriebliche und externe Hilfen gebündelt. Auf betrieblicher Seite kommen arbeitsplatzbezogene Lösungen in Betracht – etwa angepasste Arbeitszeiten, die Reduktion belastender Auslöser oder eine vorübergehende Umsetzung bei sicherheitskritischen Tätigkeiten. Auf externer Seite können betriebliche Suchtbeauftragte, Suchtberatungsstellen, ambulante oder stationäre Entwöhnungsbehandlung und Rehabilitation eingebunden werden, jeweils mit Zustimmung der betroffenen Person. Der Betriebsarzt sollte frühzeitig beteiligt werden, weil er arbeitsbezogene Einschränkungen einschätzen kann, ohne Diagnosen an den Arbeitgeber weiterzugeben. Die stufenweise Wiedereingliederung kann den strukturierten Rahmen für die Rückkehr bilden.
Nach der Rückkehr sind regelmäßige Statusgespräche und ein vereinbarter Rückfallplan besonders wichtig, weil Rückfälle bei Suchterkrankungen zum typischen Krankheitsverlauf gehören. Ein Rückfall beendet das BEM nicht, sondern kann Anlass sein, das Verfahren mit angepassten Maßnahmen neu aufzunehmen. Betriebs- oder Personalrat achten darauf, dass Suchterkrankungen im BEM weder tabuisiert noch moralisiert werden

und dass das Verfahren konsequent auf Arbeitsfähigkeit und Unterstützung ausgerichtet bleibt.

118. Wie spricht man im BEM eine vermutete Suchterkrankung an und wie geht man vor, wenn der Betroffene das Problem nicht einräumen will?

Eine vermutete Suchterkrankung wird im BEM nicht über Diagnosen oder Vorwürfe angesprochen, sondern über konkrete arbeitsbezogene Beobachtungen: Fehlzeitenmuster, Leistungsveränderungen oder sicherheitsrelevante Auffälligkeiten. Das Gespräch bleibt sachlich und freiwillig. Der Beschäftigte entscheidet, wie viel er preisgibt; eine Bestätigung der Vermutung wird weder verlangt noch benötigt. Strikte Vertraulichkeit – kleiner Teilnehmerkreis, getrennte BEM-Dokumentation, klare Zweckbindung – ist gerade bei diesem Thema unverzichtbar, weil die Angst vor Stigmatisierung besonders hoch ist.
Zugleich sollte das Gespräch eine klare Hilfeorientierung vermitteln. Konkrete Unterstützungsangebote werden frühzeitig benannt: Betriebsarzt, betriebliche Suchthilfe, externe Suchtberatung, ambulante oder stationäre Entwöhnungsbehandlung und Nachsorge. Diese Angebote werden als freiwillige Optionen dargestellt, nicht als Bedingung für die Fortsetzung des BEM. Ein erster kleiner Schritt – etwa ein Gespräch mit dem Betriebsarzt – kann die Bereitschaft zur Annahme von Unterstützung eher fördern als der Versuch, die betroffene Person von der Diagnose zu überzeugen.
Räumt die betroffene Person das Problem nicht ein, wird keine Auseinandersetzung über die Ursachen der Fehlzeiten geführt, sondern konsequent bei den arbeitsbezogenen Auswirkungen geblieben. Bei sicherheitskritischen Tätigkeiten können Anpassungen als Schutzmaßnahme erforderlich sein und sollten auch so eingeordnet werden – nicht als Sanktion. Führt das Gespräch nicht zu einer Klärung, wird das BEM ordnungsgemäß abgeschlossen und bei erneuter Arbeitsunfähigkeit erneut angeboten. Betriebs- oder Personalrat achten darauf, dass das Angebot respektvoll und ohne moralisierende Bewertung erfolgt.

119. Welche besonderen Angebote gibt es bei Suchtproblemen im Rahmen des BEM?

Bei Suchtproblemen lebt ein wirksames BEM davon, interne und externe Angebote gezielt zu bündeln und auf die individuelle Situation der betroffenen Person abzustimmen. Alle Angebote gelten nur mit Zustimmung und unter strikter Vertraulichkeit – kleiner Teilnehmerkreis, getrennte BEM-Dokumentation, klare Zweckbindung.

Typische Angebote lassen sich drei Bereichen zuordnen:

- **Betriebliche Suchtstrukturen und Betriebsarzt:** Ein betrieblicher Stufenplan mit klaren Gesprächsstufen, Zuständigkeiten und einer festgelegten Hilfekette bildet das Rückgrat der internen Unterstützung. Betriebliche Suchtbeauftragte oder ein Betriebssozialdienst können als erste Ansprechpersonen fungieren. Der Betriebsarzt berät vertraulich zu arbeitsbezogenen Einschränkungen, gibt Empfehlungen zur Belastungssteuerung und begleitet bei Bedarf die stufenweise Wiedereingliederung. Ergänzend sollten Führungskräfte und BEM-Beteiligte geschult werden, damit sie Auffälligkeiten erkennen, Gespräche sachlich führen und Hilfewege kennen.
- **Externe Beratung und Behandlung:** Externe Suchtberatungsstellen bieten ambulante Einzel- und Gruppenangebote, vermitteln in weiterführende Behandlung und übernehmen die Nachsorge. Psychosoziale Beratungsangebote des Arbeitgebers ermöglichen anonyme Kurzberatung und Krisenintervention. Bei Behandlungsbedarf kommen qualifizierter Entzug, ambulante oder stationäre Entwöhnungsbehandlung und eine strukturierte Nachsorge mit Rückfallprävention in Betracht. Das BEM schafft dafür die betrieblichen Voraussetzungen – Freiräume, Terminabstimmung und Koordination –, die Therapie selbst findet außerhalb des Betriebs statt.
- **Arbeitsbezogene BEM-Maßnahmen:** Stufenweise Wiedereingliederung, angepasste Arbeitszeiten, veränderte Aufgabenzuschnitte und gezielte Reduktion belastender Auslöser – etwa bei Dienstreisen oder Schichtmodellen – stabilisieren die Rückkehr. Bei sicherheitskritischen Tätigkeiten kann eine vorübergehende Umsetzung erforderlich sein. Regelmäßige Rückmeldegespräche, eine feste Ansprechperson und ein vereinbarter Rückfallplan mit klaren Kontaktwegen sichern die Nachhaltigkeit der Maßnahmen.

Betriebs- oder Personalrat sorgen dafür, dass die Angebote im Betrieb bekannt sind und niedrigschwellig zugänglich bleiben.

120. Welche Rolle spielt die Diskretion bei einer Suchterkrankung im BEM?

Diskretion ist bei Suchterkrankungen im BEM keine Nebenbedingung, sondern die Voraussetzung dafür, dass das Verfahren überhaupt wirksam werden kann. Ohne glaubhafte Vertraulichkeit nehmen Betroffene das BEM nicht an, sprechen nicht offen über arbeitsbezogene Einschränkungen und brechen das Verfahren vorzeitig ab. Passende Maßnahmen und stabile Rückkehrlösungen lassen sich dann nicht entwickeln.

Konkret bedeutet Diskretion im BEM bei Suchterkrankungen: Der Beteiligtenkreis bleibt so klein wie möglich, Rollen und Zuständigkeiten sind klar definiert, und informelle Weitergaben von Informationen im Betrieb werden unterbunden. Die BEM-Dokumentation wird getrennt von der Personalakte geführt, der Zugriff ist auf die unmittelbar beteiligten Personen beschränkt und die Dokumentation auf das für Maßnahmen Erforderliche begrenzt. Diagnosen werden nicht erfragt; es genügt, arbeitsbezogene Einschränkungen und Belastungsgrenzen zu klären. Eine Weitergabe von Informationen an Dritte – auch an Vorgesetzte – erfolgt nur, wenn sie für die Umsetzung konkreter Maßnahmen zwingend erforderlich ist und die betroffene Person dem ausdrücklich zugestimmt hat.

Der Betriebsarzt kann in diesem Zusammenhang eine besondere Vertrauensposition einnehmen, weil er der ärztlichen Schweigepflicht unterliegt und arbeitsbezogene Empfehlungen geben kann, ohne sensible Details an den Arbeitgeber weiterzugeben. Betriebs- oder Personalrat achten darauf, dass die Vertraulichkeitsregeln bei Suchterkrankungen nicht nur vereinbart, sondern im betrieblichen Alltag tatsächlich eingehalten werden. Gerade bei diesem Thema entscheidet die erlebte Diskretion darüber, ob Beschäftigte dem BEM vertrauen und sich auf den Suchprozess einlassen.

121. Wie arbeitet das BEM mit einem betrieblichen Suchthilfeprogramm zusammen?

BEM und betriebliches Suchthilfeprogramm verfolgen verwandte Ziele, haben aber unterschiedliche Funktionen: Das Suchthilfeprogramm deckt Prävention, Früherkennung und Intervention ab – etwa über einen betrieblichen Stufenplan, Suchtbeauftragte und Führungskräfteschulungen. Das BEM setzt als strukturierter Klärungsprozess ein, wenn die Sechs-Wochen-Schwelle erreicht ist und es um die Sicherung der Arbeitsfähigkeit und des Arbeitsverhältnisses geht. Beide Verfahren sollten aufeinander abgestimmt sein, aber mit klarer Rollentrennung arbeiten.
Die Zusammenarbeit läuft in der Praxis in zwei Richtungen. Wird im BEM erkennbar, dass eine Suchterkrankung eine Rolle spielt, können mit Zustimmung der betroffenen Person die betrieblichen Suchthilfeakteure eingebunden werden – etwa Suchtbeauftragte oder der Betriebssozialdienst. Umgekehrt kann das Suchthilfeprogramm nach einer Intervention oder Therapieanbahnung den Übergang ins BEM anstoßen, sobald eine Wiedereingliederung geplant werden soll. Der Betriebsarzt kann in beiden Richtungen als vertrauliche Verbindungsperson wirken, weil er arbeitsbezogene Empfehlungen geben kann, ohne Diagnosen offenzulegen.
Gemeinsam wird ein abgestimmtes Maßnahmenpaket entwickelt: externe Suchtberatung, Rehabilitation und Nachsorge auf der einen Seite, arbeitsplatzbezogene Maßnahmen wie stufenweise Wiedereingliederung, Anpassungen von Aufgaben und Arbeitszeit, gezielte Reduktion belastender Auslöser und ein vereinbarter Rückfallplan auf der anderen. Betriebs- oder Personalrat achten darauf, dass beide Verfahren mit einheitlichen Vertraulichkeitsregeln arbeiten, die Zuständigkeiten klar geregelt sind und keine unabgestimmten Parallelverfahren entstehen, die die betroffene Person verunsichern oder den Datenschutz gefährden.

122. Dürfen im BEM Abstinenz-Nachweise oder Alkoholtests verlangt werden?

Im BEM dürfen Abstinenz-Nachweise oder Alkoholtests nicht einseitig verlangt werden. Das Verfahren beruht auf Freiwilligkeit und Vertrauen;

ein Zwang zu Tests würde diese Grundlage untergraben und ist als Standardinstrument im BEM weder erforderlich noch sachgerecht.
Möglich ist eine freiwillige, ausdrücklich vereinbarte Lösung: Die betroffene Person kann sich im Rahmen eines Maßnahmenplans bereit erklären, bestimmte Nachweise zu erbringen oder an einem ärztlich begleiteten Vorgehen mitzuwirken. Voraussetzung ist, dass Zweck, Umfang, Zugriff und Löschung klar geregelt sind und die Vereinbarung jederzeit ohne Nachteile widerrufen werden kann. Solche Regelungen sollten nicht als Druckmittel, sondern als unterstützender Baustein innerhalb eines abgestimmten Maßnahmenpakets verstanden werden.
Bei sicherheitskritischen Tätigkeiten gelten andere Maßstäbe. Hier steht die aktuelle Arbeitssicherheit im Vordergrund, und der Arbeitgeber kann unabhängig vom BEM verpflichtet sein, die Einsatzfähigkeit zu klären – etwa über eine arbeitsmedizinische Einschätzung durch den Betriebsarzt oder eine vorübergehende Umsetzung auf eine weniger sicherheitsrelevante Tätigkeit. Solche Maßnahmen der Gefährdungsabwehr sind strikt vom BEM zu trennen und müssen eigenständig, transparent und datenschutzkonform geregelt werden. Betriebs- oder Personalrat stellen sicher, dass im BEM keine Tests als Bedingung für die Teilnahme oder Fortsetzung des Verfahrens gestellt werden und dass die Abgrenzung zwischen freiwilliger BEM-Vereinbarung und arbeitsrechtlicher Sicherheitspflicht klar bleibt.

123. Kann ein erfolgreiches BEM eine Kündigung wegen Sucht verhindern?

Ein erfolgreiches BEM kann eine Kündigung wegen einer Suchterkrankung häufig verhindern, bietet aber keine Garantie. Sein Wert liegt darin, die Arbeitsfähigkeit durch passgenaue Maßnahmen zu stabilisieren – etwa durch Behandlung und Nachsorge, stufenweise Wiedereingliederung, Anpassungen von Aufgaben und Arbeitszeit sowie gezielte Reduktion belastender Auslöser – und zugleich nachvollziehbar zu dokumentieren, dass der Betrieb alle sinnvollen Unterstützungswege ernsthaft ausgeschöpft hat.
Wenn die Maßnahmen greifen, die betroffene Person stabil bleibt und die Arbeit wieder zuverlässig möglich ist, entfällt der zentrale Kündigungsanlass. Auch Rückfälle schließen ein weiteres BEM nicht aus; sie gehören

zum typischen Verlauf einer Suchterkrankung, und das Verfahren kann mit angepassten Maßnahmen fortgeführt werden, solange realistische Stabilisierungsmöglichkeiten bestehen. Umgekehrt kann eine krankheitsbedingte Kündigung am Ende dennoch in Betracht kommen, wenn trotz Behandlung und betrieblicher Anpassungen dauerhaft erhebliche Ausfälle, Leistungsprobleme oder Sicherheitsrisiken bestehen und keine tragfähige Einsatzmöglichkeit gefunden wird.

Ein BEM ist dann erfolgreich, wenn es zu einer stabilen Beschäftigungsfähigkeit führt. In diesem Fall ist eine Kündigung typischerweise weder erforderlich noch durchsetzbar.

I. BEM und Long-/Post-COVID

124. Welche typischen Einschränkungen und Herausforderungen bringt Long-/Post-COVID für das BEM mit sich?

Long- und Post-COVID bezeichnet anhaltende oder wiederkehrende Beschwerden nach einer COVID-19-Infektion, die über Wochen und Monate fortbestehen können. Typisch sind ausgeprägte Erschöpfung mit Belastungsintoleranz, kognitive Einschränkungen, Atem- und Kreislaufbeschwerden, Schmerzen und Schlafstörungen sowie psychische Begleitbelastungen. Die Symptomatik ist häufig multisystemisch und schwankt stark – Betroffene erleben gute und schlechte Tage in unvorhersehbarem Wechsel.

Für das BEM liegt die zentrale Herausforderung in dieser Schwankungsbreite. Starre Wiedereingliederungspläne mit linearer Steigerung scheitern häufig, weil eine Überschreitung der individuellen Belastungsgrenze die Symptomatik verschärfen kann. Stattdessen braucht es ein Vorgehen nach dem sogenannten Pacing-Prinzip: Die Belastung bleibt bewusst unterhalb der individuellen Grenze, Steigerungen erfolgen behutsam und werden bei Verschlechterung zurückgenommen. Weil Betroffene äußerlich oft gesund wirken, können im Team Unverständnis und Leistungsdruck entstehen – das BEM muss daher auch Erwartungen im Arbeitsumfeld adressieren. Für passgenaue Anpassungen wird ein arbeitsbezogenes Belastungsprofil erstellt, das an Einsatzmöglichkeiten und Einschränkungen ansetzt, nicht an Diagnosen.

Verläufe bei Long- und Post-COVID können Monate dauern und erfordern engere Rückkopplungsschleifen, kürzere Zwischenziele und bei Bedarf eine Verlängerung oder einen Neustart des BEM. Externe Stellen wie Rehabilitationsträger und der Betriebsarzt werden mit Einwilligung der betroffenen Person eingebunden. Betriebs- oder Personalrat wachen darüber, dass das BEM bei Long- und Post-COVID nicht an starren Zeitvorgaben gemessen wird, sondern konsequent an den individuellen Belastungsgrenzen der betroffenen Person ausgerichtet bleibt.

125. Welche internen und externen Maßnahmen können Long-/Post-COVID-Betroffene im BEM unterstützen?

Intern helfen bei Long- und Post-COVID vor allem Maßnahmen, die Belastung dosieren und Arbeit planbar machen. Die stufenweise Wiedereingliederung sollte so gestaltet sein, dass Stufen bei Verschlechterung gehalten oder zurückgenommen werden können. Vorübergehende Teilzeit, flexible Arbeitszeitmodelle, zusätzliche Pausen und feste Erholungsfenster unterstützen das Pacing-Prinzip. Ergänzend kommen eine Verschlankung der Aufgabenlast, die Reduktion von Paralleltätigkeiten und Unterbrechungen, ein reizarmer Arbeitsplatz sowie Homeoffice oder hybrides Arbeiten in Betracht. Alle Maßnahmen werden schriftlich im Maßnahmenplan festgehalten und in kurzen Abständen gemeinsam mit der betroffenen Person auf ihre Wirksamkeit geprüft.
Extern können mit Einwilligung der betroffenen Person verschiedene Leistungsträger und Beratungsstellen eingebunden werden:

- **Rehabilitationsträger:** Die Rentenversicherung, die Agentur für Arbeit und die Krankenkassen bieten medizinische Rehabilitation, Leistungen zur Teilhabe am Arbeitsleben und Qualifizierungsmaßnahmen. Bei anerkanntem Arbeitsunfall oder anerkannter Berufskrankheit übernimmt die zuständige Berufsgenossenschaft oder Unfallkasse das Rehabilitationsmanagement.
- **Spezialisierte medizinische Angebote:** Post-COVID-Ambulanzen und spezialisierte Rehabilitationskliniken liefern Diagnostik und Therapieempfehlungen, die im BEM in ein arbeitsbezogenes Belastungsprofil und einen konkreten Maßnahmenplan übersetzt werden.
- **Beratung und Unterstützung:** Bei einem möglichen Grad der Behinderung oder einer Gleichstellung können das Integrationsamt und der

Integrationsfachdienst eingebunden werden. Die Ergänzende Unabhängige Teilhabeberatung bietet betroffenen Personen eine unabhängige Orientierung zu Teilhabeleistungen. Einheitliche Ansprechstellen für Arbeitgeber helfen insbesondere kleineren Betrieben, die richtigen Ansprechpartner und Förderwege zu finden.

Betriebs- oder Personalrat sorgen dafür, dass die externen Möglichkeiten im BEM frühzeitig angesprochen und die Antragstellung aktiv unterstützt wird, damit die Maßnahmen rechtzeitig greifen.

J. BEM & Kündigungsschutz/ krankheitsbedingte Kündigung

126. Muss vor einer krankheitsbedingten Kündigung immer ein BEM durchgeführt werden?

Ein BEM ist keine formelle Wirksamkeitsvoraussetzung für eine krankheitsbedingte Kündigung. Eine Kündigung ohne vorheriges BEM ist daher nicht automatisch unwirksam. Entscheidend ist jedoch der Verhältnismäßigkeitsgrundsatz: Vor einer Kündigung muss der Arbeitgeber prüfen, ob mildere Mittel die Beschäftigung erhalten können – etwa Anpassungen von Arbeitsplatz und Arbeitszeit, eine Umverteilung von Aufgaben, stufenweise Wiedereingliederung, Umsetzung, Versetzung, Qualifizierung oder die Einbindung von Rehabilitationsleistungen. Das BEM ist das zentrale Verfahren, um diese Prüfung strukturiert und nachvollziehbar durchzuführen.

Wird kein BEM durchgeführt oder war es fehlerhaft – etwa wegen unzureichender Aufklärung, mangelhaftem Datenschutz oder unvollständiger Beteiligung –, trägt der Arbeitgeber im Kündigungsschutzprozess eine deutlich erhöhte Darlegungs- und Beweislast. Er muss konkret darlegen, dass es keine realistischen Alternativen zur Kündigung gab und dass auch ein ordnungsgemäßes BEM keine geeigneten Maßnahmen hervorgebracht hätte. Gelingt dieser Nachweis nicht, scheitert die Kündigung regelmäßig als unverhältnismäßig. Zudem geht der Arbeitgeber mit einer geschwächten Prozessposition in die Verhandlung, was das Abfindungsrisiko erhöht.

Nur in seltenen Ausnahmefällen kann das Fehlen eines BEM weniger ins Gewicht fallen – wenn von vornherein objektiv kein sinnvoller Suchprozess möglich war, weil keinerlei Anpassungs- oder Einsatzmöglichkeiten denkbar waren. Auch das muss der Arbeitgeber plausibel darlegen.

127. Kann trotz eines laufenden BEM eine Kündigung ausgesprochen werden?

Eine Kündigung kann auch während eines laufenden BEM ausgesprochen werden. Das BEM ist kein Kündigungsverbot und hindert den Arbeitgeber nicht daran, arbeitsrechtliche Schritte einzuleiten. Allerdings ist eine Kündigung im laufenden BEM mit einem erheblichen Prozessrisiko verbunden, weil der Arbeitgeber im Kündigungsschutzverfahren darlegen muss, warum er den Suchprozess nicht zu Ende geführt hat und warum trotz laufender Klärung keine milderen Mittel mehr in Betracht kamen. Je weiter das BEM noch von einem Abschluss entfernt ist, desto schwerer fällt dieser Nachweis.

Eine Kündigung während des BEM kommt allenfalls in Betracht, wenn die betroffene Person ihre Mitwirkung widerrufen und das Verfahren damit faktisch beendet hat oder wenn im bisherigen Verlauf zweifelsfrei feststeht, dass keine leidensgerechte Beschäftigung möglich ist – auch nicht auf einem anderen freien Arbeitsplatz im Betrieb. Selbst in diesen Fällen muss der Arbeitgeber die Ergebnislosigkeit des Suchprozesses konkret und nachvollziehbar darlegen.

Betriebs- oder Personalrat halten im Blick, dass eine Kündigung während eines laufenden BEM nicht ausgesprochen wird, solange realistische Klärungsansätze bestehen. Wird dennoch gekündigt, prüfen sie, ob das BEM ordnungsgemäß durchgeführt wurde und ob der Suchprozess tatsächlich ausgeschöpft war – beides sind zentrale Prüfpunkte für die Stellungnahme im Rahmen der Anhörung nach § 102 BetrVG.

128. Darf der Arbeitgeber kündigen, wenn der Beschäftigte das BEM verweigert hat?

Der Arbeitgeber darf grundsätzlich auch dann kündigen, wenn die betroffene Person das BEM abgelehnt hat. Die Ablehnung ist kündigungsrechtlich neutral: Sie macht eine Kündigung weder automatisch zulässig noch unzulässig. Die betroffene Person muss ihre Entscheidung nicht begründen und darf daraus keine Nachteile im BEM selbst erleiden.

Die Kündigung wird durch die Ablehnung allerdings nicht ohne Weiteres durchsetzbar. Der Arbeitgeber muss weiterhin darlegen, dass die Kündigung verhältnismäßig ist und dass keine milderen Mittel zur Sicherung der Beschäftigung bestanden. Hat die betroffene Person jede Mitwirkung und jede Offenlegung arbeitsbezogener Einschränkungen verweigert, kann das die Suche nach Alternativen faktisch unmöglich machen. In diesem Fall kann der Arbeitgeber im Kündigungsschutzprozess auf die fehlende Mitwirkung verweisen und ist von der Pflicht entlastet, Alternativen darzulegen, die er ohne jede Information der betroffenen Person nicht erkennen konnte.

Voraussetzung dafür ist, dass das BEM-Angebot ordnungsgemäß war. Die Einladung muss die Ziele des BEM, die Freiwilligkeit, den Datenschutz, die möglichen Beteiligten einschließlich der Vertrauensperson eigener Wahl sowie die Möglichkeit der Einbindung von Rehabilitationsträgern und gegebenenfalls des Integrationsamtes verständlich dargestellt haben. War die Einladung fehlerhaft oder wurde Druck auf die betroffene Person ausgeübt, kann die Ablehnung dem Arbeitgeber im Kündigungsschutzprozess nicht zugutekommen; er bleibt dann mit der erhöhten Darlegungs- und Beweislast belastet.

129. Reicht ein einmal durchgeführtes BEM aus, um später kündigen zu dürfen?

Ein einmal durchgeführtes BEM berechtigt den Arbeitgeber nicht dazu, zu einem späteren Zeitpunkt ohne erneutes BEM eine krankheitsbedingte Kündigung auszusprechen. Entscheidend ist immer die Lage unmittelbar vor der Kündigung. Wird die Sechs-Wochen-Schwelle im gleitenden Zwölfmonatszeitraum erneut erreicht, muss der Arbeitgeber grundsätzlich wieder ein BEM anbieten – auch wenn bereits ein früheres Verfahren stattgefunden hat.

Der Grund liegt darin, dass sich die Voraussetzungen des Suchprozesses verändern können: Krankheitssituation, Therapieverlauf, Prognose und betriebliche Einsatzmöglichkeiten sind zum Zeitpunkt einer erneuten Schwellenüberschreitung möglicherweise andere als beim ersten BEM. Ein früheres BEM kann allenfalls dann noch Bedeutung haben, wenn es faktisch fortgeführt wird – etwa durch laufende Maßnahmen, regelmäßige Wirksamkeitsprüfungen und aktuelle Dokumentation – und die damalige Klärung die heutige Situation vollständig abdeckt. Sobald neue erheb-

liche Fehlzeiten auftreten oder sich die Rahmenbedingungen im Betrieb wesentlich ändern, verliert das frühere Verfahren seine Aussagekraft.
Ohne aktuelles BEM trägt der Arbeitgeber im Kündigungsschutzprozess erneut die erhöhte Darlegungs- und Beweislast. Er muss konkret darlegen, dass ein erneutes BEM keine milderen Mittel hätte ergeben können – ein Nachweis, der in der Praxis nur selten gelingt.

130. Wie fließt das Ergebnis des BEM in ein Kündigungsschutzverfahren ein?

Das Ergebnis des BEM fließt im Kündigungsschutzverfahren vor allem über den Verhältnismäßigkeitsgrundsatz ein. Das Gericht prüft nicht, ob das BEM zu einem bestimmten Ergebnis geführt hat, sondern ob der Arbeitgeber ernsthaft und strukturiert nach milderen Mitteln gesucht hat, bevor er die Kündigung ausgesprochen hat.
Wurde ein ordnungsgemäßes BEM durchgeführt, kann der Arbeitgeber nachweisen, dass er Alternativen zur Kündigung geprüft hat – und ob diese ausgeschöpft oder im konkreten Fall untauglich waren. Die Dokumentation des Suchprozesses, der geprüften Maßnahmen und der vereinbarten Schritte bildet dafür die Grundlage. Wurden denkbare Optionen im BEM nicht erwogen, fällt das auf den Arbeitgeber zurück. Auch die Mitwirkung der betroffenen Person spielt eine Rolle: Hat sie konstruktiv am Verfahren teilgenommen, oder hat sie das BEM abgebrochen oder verweigert? Eine Verweigerung kann die Suche nach Alternativen faktisch blockieren und die Darlegungslast des Arbeitgebers im Prozess mindern – allerdings nur, wenn das BEM-Angebot selbst ordnungsgemäß war.
Die Zweckbindung der BEM-Daten bleibt auch im Kündigungsschutzverfahren zu beachten. Gesundheitsdetails aus der BEM-Akte dürfen nicht zur Begründung der Kündigung herangezogen werden. Im Prozess geht es um den Nachweis, dass der Suchprozess ordnungsgemäß durchgeführt wurde und dass objektiv keine milderen Mittel zur Verfügung standen – nicht um Diagnosen oder Gesprächsinhalte.

131. Welche Rolle spielt die Dauer der Erkrankung beim Kündigungsschutz trotz BEM?

Die Dauer der Erkrankung ist im Kündigungsschutzverfahren ein gewichtiger Faktor, begründet aber für sich allein keine wirksame Kündigung. Sie wirkt im Rahmen der dreistufigen Kündigungsprüfung, die auch bei durchgeführtem BEM vollständig durchlaufen werden muss:

- **Negative Gesundheitsprognose:** Je länger die Arbeitsunfähigkeit andauert oder je häufiger erhebliche Ausfälle auftreten, desto eher wird eine ungünstige Prognose angenommen. Entscheidend ist aber nicht allein die Vergangenheit, sondern ob zum Zeitpunkt der Kündigung weiterhin mit erheblichen Ausfällen zu rechnen ist. Ein BEM kann die Prognose verbessern, wenn es realistische Stabilisierungsmöglichkeiten aufzeigt.
- **Erhebliche betriebliche Beeinträchtigung:** Lange Ausfälle belasten den Betrieb typischerweise stärker – bei Planbarkeit, Vertretungsorganisation, Entgeltfortzahlungskosten und Arbeitsabläufen. Der Arbeitgeber muss jedoch konkret darlegen, welche betrieblichen Beeinträchtigungen tatsächlich eingetreten sind; eine pauschale Berufung auf die Krankheitsdauer genügt nicht.
- **Verhältnismäßigkeit:** Gerade bei langer Erkrankungsdauer wird das BEM zum entscheidenden Prüfpunkt. Das Gericht fragt, ob mildere Mittel ernsthaft geprüft und ausgeschöpft wurden. Je länger die Erkrankung, desto gründlicher muss dokumentiert sein, welche Optionen geprüft wurden und warum sie im konkreten Fall nicht zum Erhalt des Arbeitsverhältnisses geführt haben.

Auch bei sehr langer Erkrankung bleibt ein ordnungsgemäßes BEM grundsätzlich erforderlich. Betriebs- oder Personalrat achten darauf, dass die Erkrankungsdauer allein nicht als Argument für eine Kündigung herangezogen wird und dass der Suchprozess in jedem Fall vollständig durchlaufen und dokumentiert wird.

132. Kann der Betriebs- bzw. Personalrat einer Kündigung widersprechen, wenn kein BEM durchgeführt wurde?

Der Betriebsrat kann einer ordentlichen krankheitsbedingten Kündigung nach § 102 Abs. 3 BetrVG widersprechen. Das Fehlen eines BEM ist zwar kein eigenständiger Widerspruchsgrund, lässt sich aber über die gesetzlich vorgesehenen Gründe herleiten:

- **Weiterbeschäftigung auf einem anderen freien Arbeitsplatz (§ 102 Abs. 3 Nr. 3 BetrVG):** Dieser Widerspruchsgrund setzt allerdings voraus, dass der Betriebsrat einen konkreten freien Arbeitsplatz benennt, auf dem die Weiterbeschäftigung möglich wäre. Genau hier liegt das praktische Dilemma: Wurde kein BEM durchgeführt, fehlt dem Betriebsrat häufig die Informationsgrundlage, um einen solchen Arbeitsplatz konkret bezeichnen zu können. Der Betriebsrat sollte daher frühzeitig seine allgemeinen Informationsrechte nutzen, um sich einen Überblick über freie und besetzbare Arbeitsplätze im Betrieb zu verschaffen.
- **Weiterbeschäftigung nach zumutbarer Umschulung oder Fortbildung (§ 102 Abs. 3 Nr. 4 BetrVG):** Hier muss der Betriebsrat darlegen, dass eine Qualifizierung die Weiterbeschäftigung ermöglichen könnte. Dieser Prüfpunkt wird im BEM typischerweise bearbeitet; unterbleibt das BEM, bleibt auch diese Option ungeprüft. Für den Widerspruch ist entscheidend, eine konkrete Qualifizierungsmöglichkeit aufzuzeigen.

Widerspricht der Betriebsrat fristgerecht und ordnungsgemäß begründet und erhebt der Beschäftigte Kündigungsschutzklage, kann daraus ein Weiterbeschäftigungsanspruch nach § 102 Abs. 5 BetrVG entstehen. Gerade weil das Fehlen eines BEM den Betriebsrat bei der Begründung des Widerspruchs in eine schwierige Lage bringt, sollte die Interessenvertretung umso konsequenter darauf drängen, dass ein BEM vor jeder krankheitsbedingten Kündigung tatsächlich durchgeführt wird.

Im öffentlichen Dienst hängen die Beteiligungsrechte vom jeweils anwendbaren Personalvertretungsgesetz ab. Häufig kann der Personalrat Einwendungen erheben oder die Maßnahme beanstanden; ein Weiterbeschäftigungsanspruch kraft Widerspruchs wie nach § 102 Abs. 5 BetrVG besteht jedoch nur selten. Auch hier bleibt das Fehlen eines ordnungsgemäßen BEM ein gewichtiges Argument, weil es die fehlende Prüfung milderer Mittel und damit die Unverhältnismäßigkeit der Kündigung belegt.

133. Führt ein unterlassenes BEM zu höheren Abfindungen für Arbeitnehmer?

Ein unterlassenes oder fehlerhaftes BEM führt nicht unmittelbar zu einer höheren Abfindung. Einen gesetzlichen Abfindungsanspruch wegen fehlenden BEM gibt es nicht. Abfindungen sind in der Praxis fast immer Ergebnis einer Verhandlung – meist im Rahmen eines gerichtlichen Vergleichs im Kündigungsschutzverfahren.

Die Verbindung zum BEM entsteht über das Prozessrisiko. Ohne ordnungsgemäßes BEM kann der Arbeitgeber im Kündigungsschutzprozess schwerer darlegen, dass keine milderen Mittel zur Sicherung der Beschäftigung bestanden. Dadurch steigt die Wahrscheinlichkeit, dass die Kündigung als unverhältnismäßig scheitert. Je unsicherer die Kündigung aus Sicht des Arbeitgebers ist, desto größer wird sein Interesse, den Rechtsstreit durch eine Vergleichszahlung zu beenden – insbesondere wenn Annahmeverzugslohn droht oder eine Weiterbeschäftigung während des Prozesses im Raum steht.

Die konkrete Abfindungshöhe hängt allerdings von zahlreichen weiteren Faktoren ab, etwa von Betriebszugehörigkeit, Vergütung, Prozessstand, Beweisbarkeit der Gesundheitsprognose und einem etwaigen Sonderkündigungsschutz. Ein fehlendes BEM ist daher kein eigenständiger Abfindungsgrund, schwächt aber die Verhandlungsposition des Arbeitgebers regelmäßig so deutlich, dass er zu höheren Vergleichszahlungen bereit sein wird. Betriebs- oder Personalrat können die betroffene Person darauf hinweisen, dass ein unterlassenes BEM ihre Position im Kündigungsschutzverfahren stärkt, und sie bei der Entscheidung über eine Kündigungsschutzklage unterstützen.

K. Arbeitsfähigkeitscoaching© und das Haus der Arbeitsfähigkeit

134. Was versteht man unter Arbeitsfähigkeitscoaching©?

Arbeitsfähigkeitscoaching© ist ein strukturiertes, partizipatives Verfahren im BEM, das die betroffene Person in ihrer aktiven Rolle bei der Wiederherstellung, Erhaltung und Förderung ihrer Arbeitsfähigkeit unterstützt. Im Mittelpunkt steht nicht die Diagnose, sondern ein arbeitsbezogener Analyse- und Entscheidungsprozess: Gemeinsam mit der betroffenen Person und – soweit von ihr gewünscht – betrieblichen Akteuren wie Führungskraft, Interessenvertretung oder Betriebsarzt werden realistische Maßnahmen entwickelt, die im Arbeitsalltag tatsächlich umsetzbar sind.
Methodisch stützt sich das Arbeitsfähigkeitscoaching© auf das arbeitswissenschaftlich fundierte Konzept des finnischen Arbeitswissenschaftlers Juhani Ilmarinen, das unter dem Begriff Haus der Arbeitsfähigkeit bekannt ist. Dieses Modell betrachtet vier Ebenen, die die Arbeitsfähigkeit eines Menschen beeinflussen: Gesundheit, Kompetenz, Werte sowie Arbeitsbedingungen und Führung. Ergänzend werden Faktoren außerhalb des Betriebs berücksichtigt, etwa familiäre Situation, persönliches Umfeld und regionale Infrastruktur. Aus dieser ganzheitlichen Analyse entsteht ein personenbezogenes Belastungs- und Beanspruchungsprofil, das als Grundlage für die Maßnahmenplanung im BEM dient.
Ein wesentlicher Vorteil des Arbeitsfähigkeitscoachings© liegt darin, dass es von einem externen Fachcoach durchgeführt wird, der weder dem Arbeitgeber noch der betroffenen Person weisungsgebunden ist. Das stärkt die Neutralität im Verfahren und erleichtert es der betroffenen Person, Handlungsspielräume zu erkennen und aktiv zu nutzen. Gleichzeitig werden Arbeitgeber und Führungskräfte im BEM-Prozess entlastet, weil die

fachlich anspruchsvolle Analyse- und Begleitungsarbeit in qualifizierten Händen liegt. Betriebs- oder Personalrat können anregen, dass der Arbeitgeber Arbeitsfähigkeitscoaching© als Instrument im BEM anbietet und in der Betriebs- oder Dienstvereinbarung verankert.

135. Was ist das »Haus der Arbeitsfähigkeit« und wie wird es im BEM genutzt?

Das Haus der Arbeitsfähigkeit ist ein arbeitswissenschaftliches Modell des finnischen Forschers Juhani Ilmarinen. Es stellt Arbeitsfähigkeit als Ergebnis der Balance zwischen individuellen Ressourcen und den Anforderungen der Arbeit dar, aufgebaut in vier Stockwerken: Gesundheit und Leistungsfähigkeit bilden das Fundament, darüber liegen Kompetenz und Qualifikation, dann Werte, Einstellungen und Motivation, und im obersten Stockwerk stehen Arbeitsbedingungen, Arbeitsumgebung und Führung. Das Dach symbolisiert die Arbeitsfähigkeit als Gesamtergebnis. Zusätzlich wirken Faktoren außerhalb des Betriebs auf die Arbeitsfähigkeit ein, etwa die familiäre Situation, das persönliche Umfeld und die regionale Infrastruktur.

Im BEM lenkt das Modell den Suchprozess weg von Diagnosefragen hin zur systematischen Sicherung der Arbeitsfähigkeit. Entlang der vier Stockwerke wird strukturiert erhoben, welche Ressourcen vorhanden sind und wo Belastungen oder Engpässe bestehen. Daraus lassen sich stockwerkbezogen Maßnahmen ableiten:

- **Gesundheit und Kompetenz:** Belastungsdosierung, Pausenregelungen und stufenweise Wiedereingliederung auf der einen Seite, Qualifizierung, Einarbeitung und Lernunterstützung auf der anderen, damit die betroffene Person veränderten Anforderungen gewachsen ist.
- **Werte und Motivation:** Realistische Zielvorgaben, Anerkennung und die Stärkung von Selbstwirksamkeit tragen dazu bei, dass die Rückkehr als sinnvoll und tragfähig erlebt wird.
- **Arbeitsbedingungen und Führung:** Aufgabenpriorisierung, klare Zuständigkeiten, Arbeitsplatzgestaltung und eine abgestimmte Führung sichern die organisatorische Grundlage für eine stabile Beschäftigung.

Im Arbeitsfähigkeitscoaching© wird dieser Prozess partizipativ umgesetzt und führt zu einem personenbezogenen Belastungs- und Beanspruchungsprofil als Grundlage für realistische Maßnahmen. Die Stockwerke dienen auch bei der Wirksamkeitsprüfung als Orientierungsrahmen, um zu erkennen, wo sich die Situation stabilisiert hat und wo nachgesteuert werden muss.

136. Wer kann als Arbeitsfähigkeitscoach© tätig werden und welche Qualifikation ist dafür erforderlich?

Die Bezeichnung Arbeitsfähigkeitscoach© ist eine geschützte Qualifikation, die eine zertifizierte Ausbildung an einem spezialisierten Institut voraussetzt. Die Ausbildung vermittelt die methodischen Grundlagen des Arbeitsfähigkeitscoachings©, insbesondere die Arbeit mit dem Haus der Arbeitsfähigkeit, die Erstellung von Ressourcen- und Belastungsprofilen, die partizipative Maßnahmenplanung sowie die lösungsorientierte Gesprächsführung im BEM-Kontext. Wer als Arbeitsfähigkeitscoach© tätig werden möchte, muss diese Zertifizierung durchlaufen haben.

In der betrieblichen Praxis kommen als Arbeitsfähigkeitscoaches© sowohl interne als auch externe Personen in Betracht. Intern können entsprechend zertifizierte BEM-Beauftragte, Fallmanager oder Fachkräfte aus der betrieblichen Sozialberatung die Rolle übernehmen. Auch der betriebsärztliche Dienst kann arbeitsfähigkeitsorientiert beraten, muss dann aber die Coach-Rolle klar von einer begutachtenden Tätigkeit trennen. Externe Arbeitsfähigkeitscoaches© bieten sich besonders an, wenn im Betrieb keine zertifizierten Personen verfügbar sind, wenn Neutralität besonders wichtig ist oder wenn Konflikte den Prozess belasten. Führungskräfte kommen für die Rolle in der Regel nicht in Betracht, weil ihre Weisungsbefugnis das Vertrauen der betroffenen Person gefährden kann.

Unabhängig davon, ob der Arbeitsfähigkeitscoach© intern oder extern tätig wird, braucht er eine klare Rollenabgrenzung, Verschwiegenheit und ausreichende Zeitressourcen. Er muss über Grundwissen zu BEM und Datenschutz, Arbeitsplatz- und Organisationsverständnis sowie Schnittstellenkompetenz mit Betriebsarzt, Personalstelle, Interessenvertretung und externen Leistungsträgern verfügen.

137. Kann ein Arbeitsfähigkeitscoaching© auch unabhängig vom BEM eingesetzt werden?

Arbeitsfähigkeitscoaching© kann auch unabhängig vom BEM eingesetzt werden und ist in bestimmten Konstellationen sogar besonders sinnvoll, bevor die Sechs-Wochen-Schwelle überhaupt erreicht wird. Typische Einsatzfelder sind erste Anzeichen von Überlastung oder wiederkehrende Kurzfehlzeiten, die Stabilisierung nach einer kurzen Erkrankung, präventive Begleitung bei chronischen Beschwerden, hoher Stressbelastung oder Konflikten am Arbeitsplatz sowie die Nachbegleitung nach Abschluss eines BEM, um die Nachhaltigkeit der vereinbarten Maßnahmen zu sichern.

Wird Arbeitsfähigkeitscoaching© außerhalb des BEM eingesetzt, muss der Rahmen klar abgegrenzt sein. Es handelt sich dann nicht um ein BEM und darf auch nicht als solches dargestellt werden. Die Teilnahme ist freiwillig, die Gespräche sind vertraulich, Diagnosen werden nicht erfragt und eine Dokumentation erfolgt nur, soweit sie für die Maßnahmenplanung erforderlich ist. Eine Vermischung mit Leistungsbewertung oder Disziplinarmaßnahmen ist ebenso ausgeschlossen wie der Einsatz als verdeckte Kündigungsvorbereitung. Der Arbeitsfähigkeitscoach© bleibt in seiner Beratungsrolle und übernimmt keine Kontrollfunktion.

Wird zu einem späteren Zeitpunkt die Sechs-Wochen-Schwelle überschritten, ersetzt ein vorangegangenes Coaching das formale BEM nicht. Der Arbeitgeber muss dann ein eigenständiges BEM anbieten. Die Erkenntnisse aus dem Coaching können aber eine wertvolle Grundlage für den Suchprozess liefern, sofern die betroffene Person dem zustimmt. Betriebs- oder Personalrat achten darauf, dass Arbeitsfähigkeitscoaching© im Betrieb als eigenständiges Präventionsinstrument verstanden und nicht mit dem BEM verwechselt oder als dessen Ersatz eingesetzt wird.

L. BEM und innerbetriebliche Wirtschaftsmediation

138. Was versteht man unter innerbetrieblicher Wirtschaftsmediation?

Innerbetriebliche Wirtschaftsmediation ist ein vertrauliches und strukturiertes Verfahren zur außergerichtlichen Bearbeitung von Konflikten innerhalb eines Unternehmens oder einer Dienststelle. Typische Anwendungsfälle sind Konflikte zwischen Arbeitgeber und Beschäftigten, innerhalb von Teams, zwischen Führungskräften und Mitarbeitenden oder zwischen Geschäftsführung und Betriebsrat. Ein neutraler Dritter – der Mediator – unterstützt die Konfliktparteien dabei, freiwillig und eigenverantwortlich eine einvernehmliche Lösung zu entwickeln.
Das Verfahren beruht auf vier Kernmerkmalen:

- **Freiwilligkeit:** Die Teilnahme erfolgt ohne Zwang; jede Partei kann das Verfahren jederzeit beenden.
- **Vertraulichkeit:** Die Gespräche finden in einem geschützten Rahmen statt, damit offen über Interessen und Bedürfnisse gesprochen werden kann.
- **Eigenverantwortung und Neutralität:** Die Konfliktparteien erarbeiten ihre Lösung selbst. Der Mediator fördert den Dialog, trifft keine Entscheidung und gibt keine inhaltlichen Lösungen vor.
- **Lösungs- und Zukunftsorientierung:** Ziel ist nicht die Aufarbeitung vergangener Schuldfragen, sondern eine nachhaltige Klärung des Konflikts, die Verbesserung der Kommunikation und die Stabilisierung der Arbeitsbeziehung.

Von Gerichts- und Schiedsverfahren unterscheidet sich die Mediation dadurch, dass keine bindende Entscheidung durch einen Dritten getroffen wird. Von der Schlichtung grenzt sie sich ab, weil der Mediator typischerweise keine Lösungsempfehlung ausspricht, sondern die Parteien zu einer eigenen Vereinbarung führt. Betriebs- oder Personalrat können darauf hinwirken, dass innerbetriebliche Wirtschaftsmediation als Instrument zur Konfliktlösung im Betrieb bekannt und zugänglich ist – auch im Zusammenspiel mit dem BEM, wenn Konflikte zu Fehlzeiten beitragen.

139. Wann und wie kann eine Wirtschaftsmediation im BEM sinnvoll eingesetzt werden?

Innerbetriebliche Wirtschaftsmediation kann im BEM als ergänzendes Klärungsverfahren eingesetzt werden, wenn Konflikte am Arbeitsplatz Ursache oder Verstärker der Fehlzeiten sind oder die Umsetzung vereinbarter Maßnahmen blockieren. Sie ersetzt das BEM nicht, sondern ergänzt es: Das BEM klärt arbeitsbezogene Anpassungen und Leistungen, die Mediation klärt Beziehung, Kommunikation und die Spielregeln der Zusammenarbeit.

Besonders sinnvoll ist der Einsatz bei Konflikten mit Vorgesetzten oder im Team, bei Rückkehrhemmungen durch Vertrauensverlust oder Angst vor dem Arbeitsumfeld und bei Blockaden im BEM, die darauf zurückgehen, dass die Beziehungsebene zwischen den Beteiligten ungelöst ist. Auch Schnittstellenkonflikte zwischen Personalstelle, Führung, Interessenvertretung und externen Stellen können eine Mediation sinnvoll machen.

Für das Zusammenspiel von BEM und Mediation haben sich in der Praxis drei Grundsätze bewährt:

- **Rollen und Verfahren trennen:** Der Mediator übernimmt die Konfliktklärung, das BEM-Team führt den Suchprozess zu Arbeit und Arbeitsplatz. Beide Verfahren laufen parallel, aber mit klarer Aufgabenteilung.
- **Vertraulichkeit und Dokumentation trennen:** Mediationsinhalte gehören nicht in die BEM-Akte. Dokumentiert wird lediglich, dass eine Mediation stattfindet und – falls die Beteiligten es wünschen – das Ergebnis in Form einer Vereinbarung.
- **Ergebnisse in den Maßnahmenplan übersetzen:** Führungsabsprachen, Teamregeln, Kommunikationsroutinen oder Anpassungen von Aufgaben und Belastungen, die in der Mediation erarbeitet wurden, werden als konkrete Maßnahmen in den BEM-Prozess übernommen.

Entscheidend ist, dass die Mediation freiwillig bleibt und nur mit Zustimmung aller Beteiligten eingeleitet wird. Betriebs- oder Personalrat achten darauf, dass die Mediation als eigenständiges Verfahren mit eigener Vertraulichkeit geführt wird und nicht dazu dient, Konflikte im BEM unter den Teppich zu kehren, sondern sie strukturiert zu bearbeiten.

140. Wie geht man im BEM vor, wenn ein Konflikt zwischen Mitarbeiter und Vorgesetztem besteht?

Wenn ein Konflikt zwischen der betroffenen Person und dem Vorgesetzten besteht, muss das BEM zwei Stränge verfolgen: die Arbeitsfähigkeit sichern und die Konfliktursache entschärfen. Im Gespräch wird zunächst geklärt, ob der Konflikt Auslöser oder Verstärker der Fehlzeiten ist und welche Situationen konkret belastend wirken – etwa Kommunikation, Arbeitsverteilung, Kontrolle oder Rollenunklarheit. Die Benennung erfolgt sachlich und ohne Schuldzuweisung.

Ist das Vertrauensverhältnis zum Vorgesetzten beschädigt, sollte dieser nicht an den frühen BEM-Gesprächen teilnehmen. Das Erstgespräch führt die BEM-Koordination, bei Bedarf begleitet durch die Interessenvertretung oder den Betriebsarzt. Der Vorgesetzte wird erst später und mit klaren Gesprächsregeln eingebunden, wenn konkrete Umsetzungsfragen dies erfordern. Kurzfristige Entlastungsmaßnahmen können den Handlungsdruck senken, etwa eine Anpassung der Aufgabenverteilung, klare Kommunikationswege, eine feste Ansprechperson außerhalb der Führungslinie oder bei Bedarf eine vorübergehende Umsetzung oder Homeoffice-Regelung.

Die Konfliktklärung selbst wird als eigenständige Maßnahme im BEM-Prozess verankert. Je nach Eskalationsgrad kommen ein moderiertes Klärungsgespräch, getrennte Vorgespräche mit beiden Seiten oder eine externe Mediation in Betracht. Ziel ist eine konkrete Arbeits- und Kommunikationsvereinbarung, die Zuständigkeiten, Rückmeldezyklen und Eskalationswege verbindlich regelt. Die Ergebnisse der Konfliktklärung werden in den Maßnahmenplan übernommen; Konfliktdetails selbst gehören weder in die BEM-Akte noch in die Personalakte. Betriebs- oder Personalrat wachen darüber, dass die Konfliktbearbeitung tatsächlich stattfindet und nicht zugunsten einer vermeintlich einfacheren Lösung – etwa einer Versetzung allein der betroffenen Person – umgangen wird.

141. Wer kann eine innerbetriebliche Mediation im BEM durchführen?

Eine innerbetriebliche Mediation im BEM-Kontext kann durch interne oder externe Mediatoren durchgeführt werden. Entscheidend ist nicht die betriebliche Funktion, sondern Neutralität, Akzeptanz bei allen Beteiligten und eine fundierte Mediationsausbildung.
In der Praxis kommen vor allem drei Modelle in Betracht:

- **Externe Mediatoren:** Sie bieten echte Unabhängigkeit und klare Vertraulichkeitsgrenzen. Externe Mediation empfiehlt sich besonders, wenn das Vertrauen im Betrieb beschädigt ist, ein Machtgefälle zwischen den Konfliktparteien besteht oder die Konfliktkonstellation eine besondere Distanz erfordert.
- **Interne Mediatoren:** Speziell geschulte Personen aus der betrieblichen Sozialberatung, dem Gesundheitsmanagement oder aus einem betrieblichen Konfliktlotsenpool können die Mediation übernehmen, wenn sie nicht selbst Teil des Konflikts sind, keine disziplinarische Befugnis gegenüber den Beteiligten haben und nicht über spätere Personalmaßnahmen entscheiden.
- **Co-Mediation aus interner und externer Person:** Bei komplexen Fällen kann dieses Modell die Vorteile beider Seiten verbinden – die interne Person kennt die betrieblichen Strukturen, die externe sichert die Neutralität.

Nicht geeignet sind regelmäßig direkte Vorgesetzte, Personen mit disziplinarischer Zuständigkeit oder Beteiligte, die im konkreten BEM zugleich als Entscheider oder Umsetzer auftreten, weil ihre Doppelrolle die Freiwilligkeit und Offenheit der Mediation gefährdet. Der Mediator wird einvernehmlich von den Konfliktparteien festgelegt. In der BEM-Dokumentation wird lediglich festgehalten, dass eine Mediation angeboten oder vereinbart wurde – Inhalte der Mediation gehören nicht in die BEM-Akte.

142. Worin unterscheidet sich eine Mediation von einem BEM-Gespräch?

Eine Mediation und ein BEM-Gespräch teilen bestimmte Merkmale wie Freiwilligkeit und Vertraulichkeit, verfolgen aber unterschiedliche Zwecke und folgen einer anderen Verfahrenslogik. Das BEM ist ein gesetzlich verankerter Suchprozess, der durch die Arbeitsunfähigkeit ausgelöst wird und auf die Wiederherstellung und Erhaltung der Arbeitsfähigkeit zielt. Im Mittelpunkt stehen funktionale Einschränkungen, Arbeitsplatzanforderungen und konkrete Maßnahmen. Eine Mediation wird dagegen durch einen Konflikt ausgelöst – unabhängig von Fehlzeiten – und zielt darauf, dass die Konfliktparteien eigenverantwortlich eine Lösung erarbeiten und ihre Zusammenarbeit stabilisieren. Im Mittelpunkt stehen Interessen, Kommunikation und die Beziehungsebene.

Die Verfahren unterscheiden sich auch in der Rollenverteilung. Das BEM wird vom Arbeitgeber initiiert und in der Regel von der BEM-Koordination oder der Personalstelle moderiert; die betrieblichen Rollen der Beteiligten bleiben sichtbar. Die Mediation wird von einem neutralen, allparteilichen Mediator geführt, der keine betriebliche Entscheidungsrolle hat und keine inhaltlichen Lösungen vorgibt. Das Ergebnis eines BEM ist typischerweise ein Maßnahmenplan mit Zuständigkeiten, Fristen und Wirksamkeitsprüfung. Das Ergebnis einer Mediation ist eine Konfliktvereinbarung zwischen den Parteien, die auf deren Eigenverantwortung beruht.

Besonders wichtig ist die Trennung der Dokumentation. BEM-Unterlagen werden in der gesonderten BEM-Akte geführt und unterliegen der Zweckbindung. Mediationsinhalte sind darüber hinaus besonders streng vertraulich und gehören grundsätzlich nicht in die BEM-Akte. Werden beide Verfahren parallel eingesetzt, muss diese Trennung organisatorisch sichergestellt werden. Betriebs- oder Personalrat achten darauf, dass BEM und Mediation als eigenständige Verfahren mit jeweils eigenen Regeln geführt werden und dass keine Vermischung entsteht, die Vertraulichkeit oder Freiwilligkeit eines der beiden Verfahren gefährdet.

143. Kann der Betriebs-/Personalrat die Einschaltung einer Mediation im BEM verlangen?

Der Betriebs- oder Personalrat kann die Einschaltung einer Mediation im konkreten BEM-Verfahren nicht erzwingen. Mediation ist freiwillig und setzt die Zustimmung aller Beteiligten voraus – auch und gerade der betroffenen Person. Ohne deren Einwilligung kann weder der Arbeitgeber noch die Interessenvertretung ein Mediationsverfahren einleiten.
Die Interessenvertretung verfügt aber über wirksame Gestaltungsmöglichkeiten auf der Verfahrensebene:

- **Mediation als Maßnahme vorschlagen:** Im BEM-Gespräch oder bereits im Vorfeld kann der Betriebs- oder Personalrat Mediation als Lösungsoption einbringen und begründen, warum ohne Konfliktklärung keine tragfähige Wiedereingliederung möglich ist. Das ersetzt nicht die Zustimmung der betroffenen Person, erhöht aber die Wahrscheinlichkeit, dass der Arbeitgeber das Angebot ernsthaft prüft.
- **Mediation in der Betriebs- oder Dienstvereinbarung verankern:** Die Interessenvertretung kann über ihre Mitbestimmungsrechte – insbesondere bei Fragen der betrieblichen Ordnung und des Gesundheitsschutzes – darauf hinwirken, dass Mediation als standardmäßige Option in der BEM-Verfahrensordnung vorgesehen wird, etwa als Angebot bei erkennbaren Konfliktindikatoren.
- **Einhaltung bestehender Regelungen verlangen:** Ist Mediation in einer Betriebs- oder Dienstvereinbarung als Verfahrensschritt oder Option vorgesehen, kann der Betriebs- oder Personalrat deren Einhaltung vom Arbeitgeber einfordern. Diese kollektive Durchsetzungsmöglichkeit ist unabhängig von der Zustimmung der betroffenen Person im Einzelfall.

Betriebs- oder Personalrat nutzen diese Gestaltungsmöglichkeiten am wirksamsten, wenn sie Mediation nicht als Einzelfallintervention, sondern als festen Bestandteil der betrieblichen Konfliktlösungskultur etablieren. Je selbstverständlicher das Angebot im Betrieb verankert ist, desto eher wird es im konkreten BEM-Fall auch angenommen.

144. Gibt es Situationen, in denen von einer Mediation im BEM abzuraten ist?

Mediation ist im BEM nicht in jeder Konstellation sinnvoll. In bestimmten Situationen kann sie wirkungslos bleiben oder sogar schaden, weil die Voraussetzungen für ein faires und ergebnisoffenes Verfahren nicht gegeben sind.

Von einer Mediation ist insbesondere abzuraten, wenn die Verfahrensgrundlagen fehlen:

- **Keine echte Freiwilligkeit:** Wenn eine Partei nur teilnimmt, weil sie Nachteile befürchtet, oder wenn ein massives Machtgefälle besteht und kein Schutzrahmen vereinbart wurde – etwa die verbindliche Zusage, dass Mediationsinhalte nicht für Personalmaßnahmen verwendet werden –, kann Mediation ihre Funktion nicht erfüllen.
- **Pflichtverletzungen, Mobbing oder Gewalt:** Bei schweren Pflichtverletzungen, gezielter Schikane, sexualisierter Belästigung oder Gewalt sind Schutzmaßnahmen, Ermittlung und arbeitsrechtliche Konsequenzen vorrangig. Mediation kann in solchen Konstellationen dazu führen, dass die Verantwortung für das Geschehen verwischt wird, und ist daher nicht das richtige Instrument.
- **Fehlende Verhandlungsfähigkeit oder vorentschiedene Ergebnisse:** Bei akuter psychischer Instabilität, schwerer Suchtdynamik ohne Stabilisierung oder akuter Krise muss zunächst Behandlung und Stabilisierung im Vordergrund stehen. Ebenso wenig ist Mediation sinnvoll, wenn die Arbeitgeberseite bereits eine Trennung beschlossen hat und das Verfahren nur der Form halber anbietet.

Ebenfalls kritisch zu prüfen ist, ob der Konflikt tatsächlich auf der Beziehungsebene liegt oder ob primär arbeitsorganisatorische Ursachen bestehen – etwa Überlastung, unklare Zuständigkeiten oder mangelhafte Prozesse. In diesen Fällen sind Arbeitsgestaltung, Führungsklärung und eine aktualisierte Gefährdungsbeurteilung häufig wirksamer als eine Mediation. Betriebs- oder Personalrat stellen sicher, dass Mediation im BEM nur eingesetzt wird, wenn die Verfahrensvoraussetzungen tatsächlich gegeben sind, und dass sie nicht dazu dient, strukturelle Probleme auf die Beziehungsebene zu verlagern.

145. Wer trägt die Kosten einer Wirtschaftsmediation im BEM?

Die Kosten einer Wirtschaftsmediation im BEM trägt grundsätzlich der Arbeitgeber, wenn er die Mediation als betriebliche Maßnahme zur Klärung von Rückkehrhindernissen und zur Sicherung der Beschäftigung einsetzt. Das entspricht der allgemeinen Regel, dass der Arbeitgeber das BEM organisiert und die Kosten für Maßnahmen zur Erhaltung des Arbeitsverhältnisses aus dem Betrieb heraus finanziert werden.
In der Praxis lassen sich drei Konstellationen unterscheiden:

- **Interne Mediation:** Führen betrieblich geschulte Mediatoren oder Konfliktlotsen die Mediation durch, fallen keine externen Honorare an. Die Arbeitszeit- und Organisationskosten trägt der Arbeitgeber.
- **Externe Mediation:** Honorar- und Reisekosten externer Mediatoren trägt ebenfalls regelmäßig der Arbeitgeber. Die Kostenübernahme sollte vorab schriftlich geklärt werden, idealerweise in der Betriebs- oder Dienstvereinbarung oder in einer individuellen Vereinbarung für den konkreten Fall.
- **Fördermöglichkeiten bei Schwerbehinderung:** Rehabilitationsträger übernehmen Mediationskosten im Betrieb nicht standardmäßig. Bei schwerbehinderten oder gleichgestellten Beschäftigten können jedoch indirekte Förderwege bestehen – etwa über Beratungsleistungen des Integrationsamtes oder des Integrationsfachdienstes. Das ist kein Regelfall und muss im Einzelfall geklärt werden.

Eine Kostenbeteiligung der betroffenen Person ist unüblich und in der Regel nicht empfehlenswert, weil sie die Freiwilligkeit der Teilnahme beeinträchtigt und eine zusätzliche Zugangshürde schafft. Vor Beginn der Mediation sollte schriftlich festgehalten werden, wer beauftragt, wer die Kosten trägt und wie dokumentiert wird.

146. Welche Methoden zur Konfliktklärung können – außer einer Mediation – im BEM angewendet werden?

Neben der Mediation stehen im BEM weitere Methoden zur Konfliktklärung zur Verfügung, die je nach Eskalationsgrad und Konstellation ein-

gesetzt werden können. Für alle gilt: Sie sind freiwillig, lösungsorientiert und setzen klare Rollenverteilung sowie strikte Vertraulichkeit voraus.
Bei niedrigerer Eskalation genügen häufig strukturierte Gesprächsformate. Ein moderiertes Klärungsgespräch mit neutraler Gesprächsleitung, klarer Agenda und vereinbarten Gesprächsregeln kann Missverständnisse ausräumen und konkrete Vereinbarungen herbeiführen. Sind die Beteiligten für ein gemeinsames Gespräch noch nicht bereit, können getrennte Vorgespräche mit den einzelnen Parteien das Vertrauen aufbauen und eine spätere gemeinsame Klärung vorbereiten. Auch eine erweiterte BEM-Fallbesprechung mit Konfliktfokus kann sinnvoll sein, wenn neben den arbeitsbezogenen Maßnahmen auch Kommunikationswege, Zuständigkeiten und Feedbackregeln geklärt werden müssen.
Bei wiederkehrenden Mustern oder strukturellen Ursachen kommen weitergehende Formate in Betracht:

- **Arbeits- und Teamvereinbarungen:** Konkrete Spielregeln für die Zusammenarbeit – etwa zu Reaktionszeiten, Informationsfluss, Umgang mit Fehlern und Eskalationswegen – schaffen Verbindlichkeit und reduzieren Reibung im Arbeitsalltag.
- **Coaching und Supervision:** Einzelcoaching für Führungskräfte oder Beschäftigte sowie Teamsupervision helfen, festgefahrene Kommunikationsmuster aufzubrechen und die Zusammenarbeit nachhaltig zu verbessern.
- **Moderierte Gefährdungsbeurteilung psychischer Belastungen:** Wenn Konflikte aus strukturellen Arbeitsbedingungen entstehen – etwa Überlastung, unklare Zuständigkeiten oder fehlende Ressourcen –, kann eine moderierte Analyse im Rahmen des Arbeitsschutzes die Ursachen bearbeiten und präventiv wirken.

Betriebs- oder Personalrat achten darauf, dass die gewählte Methode zum Eskalationsgrad passt, dass bei hoher Eskalation oder deutlichem Machtgefälle externe Unterstützung einbezogen wird und dass Ergebnisse der Konfliktklärung in den BEM-Maßnahmenplan übernommen werden, ohne dass Gesprächsinhalte in die BEM-Akte gelangen.

147. Wie lassen sich Konflikte im BEM von vornherein vermeiden?

Konflikte im BEM lassen sich nicht vollständig verhindern, aber deutlich reduzieren, wenn das Verfahren von Anfang an so gestaltet ist, dass typische Reibungspunkte gar nicht erst entstehen. Die meisten Konflikte im BEM gehen nicht auf die Erkrankung zurück, sondern auf Verfahrensfehler: unklare Rollen, fehlende Transparenz, zu viele Beteiligte, vermischte Gesprächsanlässe oder mangelnde Verbindlichkeit bei der Umsetzung.

Der wirksamste Schutz liegt in einer klaren Verfahrensstruktur. Eine Einladung, die das BEM als freiwilliges Unterstützungsangebot erkennbar macht und über Datenschutz, Beteiligte und Ablauf verständlich aufklärt, nimmt der betroffenen Person die Angst vor dem Verfahren. Eine strikte Rollentrennung – BEM-Koordination moderiert, Führungskraft wird nur bei Bedarf und mit Zustimmung einbezogen, keine Vermischung mit Leistungs- oder Disziplinargesprächen – verhindert, dass das Gespräch in eine Bewertungssituation kippt. Ein eng begrenzter Teilnehmerkreis, transparente Dokumentationsregeln und ein verbindlicher Maßnahmenplan mit Zuständigkeiten, Fristen und festen Terminen zur Wirksamkeitsprüfung schaffen die Verlässlichkeit, die Konflikten den Boden entzieht.

Ebenso wichtig ist ein realistisches Erwartungsmanagement. Wenn von Anfang an klar ist, dass Rückschritte zum Prozess gehören können und dass Zwischenziele wichtiger sind als ein schnelles Endergebnis, sinkt der Druck auf alle Beteiligten. Führungskraft und Team werden dosiert und nur mit Zustimmung der betroffenen Person eingebunden – mit klaren Regeln zur Aufgabenverteilung und Entlastung. Zeigen sich Konfliktsignale wie Misstrauen, Vorwürfe oder Kommunikationsabbrüche, sollte frühzeitig eine moderierte Klärung angeboten werden, bevor die Situation eskaliert.

M. BEM und Künstliche Intelligenz

148. Dürfen KI-gestützte Fehlzeitenprognosen oder Risikoscores im BEM eingesetzt werden und wo liegen die Grenzen?

Zunächst ist zu unterscheiden: Eine regelbasierte Berechnung, die ermittelt, wann die Sechs-Wochen-Schwelle überschritten wird, ist ein zulässiges Verwaltungsinstrument und kein Profiling. Ein KI-System, das darüber hinaus Prognosen über zukünftiges Fehlzeitenverhalten erstellt oder individuelle Risikobewertungen ableitet, unterliegt dagegen strengen Grenzen und ist im BEM-Kontext nicht einsetzbar.

Die Grenzen ergeben sich aus mehreren Rechtsebenen. Fehlzeitendaten sind regelmäßig Gesundheitsdaten im Sinne der DSGVO und damit besonders geschützt. Ausschließlich automatisierte Entscheidungen mit rechtlicher oder vergleichbarer Wirkung sind nach Art. 22 DSGVO grundsätzlich unzulässig. Der Europäische Gerichtshof hat klargestellt, dass bereits die Erstellung eines Score-Werts als Entscheidung zu werten ist, wenn der Score zur maßgeblichen Grundlage weiterer Entscheidungen wird – eine lediglich formelle menschliche Beteiligung genügt nicht. Hinzu kommt das Diskriminierungsrisiko: Schwerbehinderte Beschäftigte mit typischerweise höheren Fehlzeiten würden durch Risikoscores systematisch benachteiligt, was dem Schutzzweck des BEM widerspricht. Die europäische KI-Verordnung stuft KI-Systeme im Beschäftigungskontext als Hochrisiko ein; ab August 2026 gelten Pflichten zu Risikomanagement, Verzerrungsprüfung und menschlicher Aufsicht. Emotionserkennung am Arbeitsplatz und soziale Bewertungssysteme sind bereits seit Februar 2025 verboten.

Betriebs- oder Personalrat haben ein zwingendes Mitbestimmungsrecht bei technischen Einrichtungen, die zur Überwachung geeignet sind – nach der Rechtsprechung des Bundesarbeitsgerichts genügt bereits die potenzielle Überwachungsmöglichkeit. Die Interessenvertretung achtet darauf, dass keine KI-gestützten Fehlzeitenprognosen oder Risikoscores im BEM oder in der Fehlzeitenauswertung eingesetzt werden und dass die Betriebs- oder Dienstvereinbarung zum BEM die zulässigen Auswertungsformen klar von unzulässigem Profiling abgrenzt.

149. Dürfen automatisierte Fehlzeitenanalysen ohne menschliches Eingreifen über Einleitung oder Verlauf des BEM entscheiden?

Automatisierte Fehlzeitenanalysen dürfen nicht eigenständig über Einleitung, Verlauf oder Beendigung eines BEM entscheiden. Das BEM ist nach der Rechtsprechung des Bundesarbeitsgerichts ein verlaufs- und ergebnisoffener Suchprozess, der auf die individuelle Situation der betroffenen Person zugeschnitten sein muss. Das ist mit einer rein KI-gesteuerten Durchführung unvereinbar.

Zulässig ist eine regelbasierte Schwellenwertberechnung: Ein System, das bei Überschreitung der Sechs-Wochen-Grenze automatisch ein standardisiertes BEM-Einladungsschreiben erzeugt, begegnet keinen grundsätzlichen Bedenken, sofern das Schreiben die gesetzlichen Anforderungen an Aufklärung und Information erfüllt und der Betriebs- oder Personalrat bei der Gestaltung des Systems beteiligt wird. Unzulässig ist dagegen, dass ein KI-System eigenständig über den weiteren Verlauf des BEM entscheidet – etwa über die Auswahl von Maßnahmen, die Einbindung von Beteiligten oder die Beendigung des Verfahrens. Art. 22 Abs. 1 DSGVO verbietet ausschließlich automatisierte Entscheidungen mit rechtlicher oder vergleichbar erheblicher Wirkung. Die datenschutzrechtlichen Aufsichtsbehörden haben klargestellt, dass dem entscheidenden Menschen ein tatsächlicher Entscheidungsspielraum zukommen muss; eine lediglich formelle Beteiligung, bei der KI-Vorschläge ohne eigenständige Prüfung übernommen werden, genügt nicht. Unzureichende Personalressourcen und Zeitdruck dürfen nicht dazu führen, dass die menschliche Prüfung faktisch entfällt.

Betriebs- oder Personalrat haben ein zwingendes Mitbestimmungsrecht bei der Einführung und Konfiguration solcher Systeme. In der Betriebs- oder Dienstvereinbarung zum BEM sollte klar geregelt werden, welche Prozessschritte automatisiert unterstützt werden dürfen und welche eine eigenständige menschliche Prüfung und Entscheidung erfordern. Die Interessenvertretung achtet darauf, dass automatisierte Systeme im BEM ausschließlich eine unterstützende Funktion haben und keine Entscheidungskompetenz übernehmen.

150. Welche Regeln gelten für den Einsatz generativer KI im BEM-Verfahren?

Die Nutzung generativer KI-Werkzeuge im BEM ist grundsätzlich zulässig, solange keine individuellen Gesundheitsdaten in das System eingegeben werden. Die Erstellung generischer BEM-Vorlagen, Gesprächsleitfäden oder Checklisten ohne Personenbezug begegnet keinen datenschutzrechtlichen Bedenken. Die Grenze verläuft dort, wo individuelle BEM-Daten ins Spiel kommen – also Angaben zu Arbeitsunfähigkeitszeiten, Leistungseinschränkungen, Belastungsprofilen oder Diagnosen.

Die Eingabe solcher Daten in cloudbasierte KI-Systeme ist nach derzeitiger Rechtslage unzulässig. Gesundheitsdaten gehören zu den besonders geschützten Datenkategorien nach Art. 9 DSGVO, deren Verarbeitung grundsätzlich verboten ist und nur unter engen Voraussetzungen zulässig sein kann. Bei vielen kommerziellen KI-Diensten fließen Eingaben in das Modelltraining ein oder werden auf externen Servern verarbeitet; selbst bei geschäftlichen Versionen kann das Risiko einer unbeabsichtigten Offenlegung sensibler BEM-Daten nicht ausgeschlossen werden. Datenschutzkonforme Alternativen sind lokale KI-Modelle, bei denen die Daten das Unternehmen nicht verlassen, oder eine konsequente Anonymisierung vor der Eingabe, die jeden Rückschluss auf einzelne Personen ausschließt. Die datenschutzrechtliche Aufsicht fordert darüber hinaus, dass keine automatisierten Entscheidungen ohne eigenständige menschliche Prüfung getroffen werden und dass vor dem Einsatz eine Datenschutz-Folgenabschätzung durchgeführt wird.

Betriebs- oder Personalrat haben ein zwingendes Mitbestimmungsrecht, wenn der Arbeitgeber KI-Werkzeuge im BEM-Kontext bereitstellt. In der

Betriebs- oder Dienstvereinbarung sollte klar geregelt werden, dass die Eingabe individueller Gesundheitsdaten in externe KI-Systeme untersagt ist, welche Nutzungsformen zulässig sind und dass eine interne Richtlinie den Umgang mit generativer KI im BEM verbindlich festlegt. Die Interessenvertretung sorgt dafür, dass KI-Werkzeuge im BEM ausschließlich als Arbeitshilfe für standardisierte Aufgaben eingesetzt werden und dass der vertrauliche Charakter des Suchprozesses durch den Technologieeinsatz nicht gefährdet wird.

Stichwortverzeichnis

W

Z

Kompetenz verbindet

Peter Wedde

Beschäftigtendatenschutz

Basiskommentar
2026. 754 Seiten, kartoniert
€ 58,–
ISBN 978-3-7663-7489-9

Alle für den Beschäftigtendatenschutz relevanten Vorschriften erläutert dieser Basiskommentar leicht verständlich in übersichtlicher Form. Er gibt Hilfe beim Verständnis des schwierigen Zusammenspiels von DSGVO und BDSG. Betriebs- und Personalräte erhalten wertvolle Hinweise für ihre Arbeit in Betrieb und Dienststelle. Datenschutzbeauftragten und Rechtsanwälten ermöglicht er eine Orientierung zu einschlägigen Fragen. Beschäftigten hilft er bei der Wahrung und Wahrnehmung ihrer Rechte.

Schwerpunkte der Neuauflage:
- Neue technische Entwicklungen, der Einsatz von KI und die Auswirkungen auf den Schutz von Beschäftigtendaten
- Erweiterte Überwachung der Beschäftigten und Eingriffe in die Persönlichkeitsrechte durch neue Sicherheitssysteme
- Erste Gerichtsentscheidungen zu KI-Anwendungen
- Zahlreiche neue Rechtsprechung zu Datenschutzthemen mit Auswirkungen auf den Beschäftigtendatenschutz

Bund-Verlag